# 情有毒终

## 管文军律师解析问题婚姻

# 20例

管文军 ◎ 著

中国出版集团公司 | 全国百佳图书
中国民主法制出版社 | 出版单位

2018·北京

**图书在版编目（CIP）数据**

情有毒终：管文军律师解析问题婚姻20例／管文军
著．—北京：中国民主法制出版社，2018.5

ISBN 978-7-5162-1634-7

Ⅰ．①情…Ⅱ．①管…Ⅲ．①婚姻家庭纠纷—案例—
中国 Ⅳ．①D923.905

中国版本图书馆CIP数据核字（2017）第244254号

**图书出品人：**刘海涛

**出 版 统 筹：**乔先彪

**责 任 编 辑：**董　理　周冠宇

**书名/** 情有毒终：管文军律师解析问题婚姻20例
**作者/** 管文军　著

**出版·发行/** 中国民主法制出版社
**地址/** 北京市丰台区右安门外玉林里7号（100069）
**电话/** 010-63055259（总编室）　　010-63057714（营销中心）
**传真/** 010-63055259
**http：**//www.npcpub.com
**E-mail：**mzfz@npcpub.com
**经销/** 新华书店
**开本/** 16开　710毫米×1000毫米
**印张/** 13　**字数/** 183千字
**版本/** 2018年5月第1版　2018年5月第1次印刷
**印刷/** 北京中兴印刷有限公司

**书号/** ISBN 978-7-5162-1634-7
**定价/** 29.00元
**出版声明/** 版权所有，侵权必究。

（如有缺页或倒装，本社负责退换）

# 序

受管文军律师之邀，为他的新书《情有毒终》作序，实感荣幸。

很多次坐在桌前欲提笔，却思绪杂乱；加之 2017 年下半年《法律讲堂》栏目承担的几个特别项目紧张推进，也确实静不下心来。于是一拖拖到了 2018 年开春。也好，春天代表着新的开始，代表着生机勃勃，生生不息，更代表着美好的未来。给管文军律师书的序言，就从春天说起吧。

2017 年的春天，栏目在上海举办的"CCTV《法律讲堂》选题策划暨公益普法工作业务研讨会"上，管文军律师作为优秀主讲人代表发言。他的经历让我及在场的所有参会人员感到震惊，从不甘平庸的保安"逆袭"为一名律师；再从名不见经传的律师登上央视讲台，靠自己的努力逐渐成长为知名律师；进而成为当地的道德模范、人大代表……求学的无奈，成长的艰辛，创业的不易，让与会者不禁对管律师心生敬意，也让我回想起了与他相识的过往。

记得那是 2011 年底，我与《法律讲堂》栏目组的同事到河北省选拔主讲人，当时参选的律师很多，学历高、经验丰富的律师大有人在，论资历文凭，在这些大律师面前，管文军律师确实有些相形见绌。初见管文军律师，他给我的感觉略显青涩，讲述案例时透着紧张，当我们给他指出问题，他总是能虚心接受。经过调整，他试讲的效果一次比一次好。更难能可贵的是，当时在众多选拔者中，管文军律师年龄偏小，但他身上表现出来的那股韧劲，让我们印象深刻，这也坚定了我们要给他机会登上《法律讲堂》进行普法的信心。就这样，管文军律师被我们选拔上来，成为栏目执行主编刘念组当时最年轻的主讲人。

之后，管文军律师参与节目创作中的表现更让人印象深刻。初登《法律讲堂》（生活版）的主讲人一般要经历选题申报和写稿这两个最为艰难的环节。听刘念介绍，管文军律师刚开始参与《法律讲堂》节目录制时，选题通过率较低，选题好不容易通过后，稿件要经历反复打磨推敲，有时一篇稿件修改七八遍，甚至更多。只要栏目组提出了修改意见，他总会第一时间修改，从不拖沓。为了在屏幕上更完美的呈现，管文军律师坚持早晨到山上练习发音，还在自己的办公室搭起临时讲台，反复演说。据刘念介绍，管文军律师录的第一期节目，足足练习了一百多遍。

时间如骐骥过隙，一晃就是六年。这期间管文军律师靠着自己的勤奋和坚韧，在《法律讲堂》栏目录制了一百多期节目，最终成长为《法律讲堂》栏目的一名资深主讲人。他的故事讲述酣畅淋漓，法点剖析深入浅出，加之平易近人的台风和质朴真诚的气质，这些都让他收获了无数粉丝。

"人生只有干出来的精彩，没有等待出来的辉煌"。管文军律师的成长经历以及对《法律讲堂》那份情深义重的执着，让栏目不由得对他肃然起敬。一名保安，要通过万军齐过独木桥式的司法考试，背后会有多少心酸和不眠之夜？一个初出茅庐的律师，又如何能在《法律讲堂》栏目中站稳脚跟、脱颖而出？答案其实很简单——学者，欲其多智明达耳。心无旁骛、砥砺前行，这就是管文军律师。

作为法律工作者，管文军律师不但坚持做好了电视屏幕上的法律服务，现实生活中也常带领团队进行义务普法宣传，为普通百姓、弱势群体提供法律帮助。

如今的管文军律师，拥有自己的律师事务所，事业经营得风生水起，各种荣誉也随之而来。先后荣获承德市道德模范、承德市青年五四奖章、承德市党代表、区人大代表、河北省优秀燕赵青春追梦人、河北省五一劳动奖章、河北省 2016 年度"十大法治人物"提名奖，等等。让人欣慰的是，面对各种荣誉，管文军律师总是能以之作为新的起点，坚持着自己的初心，义无反顾，勇往直前。

2018 年暮春，在《法律讲堂》栏目的协助下，管文军律师推出了他的处女作——《情有毒终》，将他在《法律讲堂》栏目所做的优秀节目的文稿集结成册以飨读者，无疑是电视屏幕普法的有益补充。期待着管文军律师带给我们的下一个惊喜。

　　是为序。


苏大为戊戌年晚春于央视大楼

# 目　录
## CONTENTS

钱财，为保住婚姻他不得不一再破财免灾，后来情人虽然死了，可要钱的手却还一直伸着……

# 三次放火逼离婚

**关键词**　保险人的代位追偿权　死亡赔偿金不属于遗产

28 岁的马明是某物流站的老板，2015 年年初，在不到一个月的时间里，他的物流库房竟接连发生了三次火灾，损失近 30 万元。在第三次火灾后，马明向保险公司申请了火灾赔偿，不过却被保险公司拒绝了，理由是火灾是马明人为纵火，恶意骗保。

马明觉得冤枉，自己的物流公司经营得好好的，没理由这么干。那么保险公司的依据又是什么呢?

原来，马明的物流站位于一个很大的货运中心内，一个库房着火就很容易造成大面积火灾，货运中心很紧张，一发生火灾，便立即报了警。警方在每次火灾现场都发现了一份内容、格式完全相同的离婚起诉书，还有同一个男子的照片，该男子就是马明，也是诉状中的原告。而警方在调取了周围监控后也发现，纵火者的身形与马明十分相像。警方由此怀疑马明有恶意纵火嫌疑，而保险公司也据此拒绝赔偿。

马明坚称没有纵火，对现场留下的离婚诉状也是一头雾水。他和妻子结婚五年了，前两年确实因孩子问题闹过矛盾，但现在已经和好了，根本不存在闹离婚的可能，更不可能放火烧自己的物流库房，因为他还要靠此养家。

马明认为一定是有人陷害他，并且还故意挑拨他们的夫妻关系，只是这个人会是谁呢? 他又为何要这么做?

警方在调查中发现，相较于马明的义愤填膺，马明的妻子方慧英显然要平静得多，不但没谴责纵火者，还劝丈夫息事宁人。警方觉得很奇怪，火灾损失不小，难道她就不心疼吗？还是有什么重要的隐情？

而就在第三次火灾后的第三天，马明竟到派出所销案来了。马明说最近他与妻子感情确实不合，要离婚，所以心情烦闷，便常在下班后到库房抽烟，烟头也经常随手一丢，他认为火灾就是自己随地乱丢烟头造成的，希望警方不要再追查了。这让警方更疑惑了，前两天还信誓旦旦要找出纵火者揍一顿的马明怎么就突然承认是自己的过失造成的火灾呢？警方经过调查了解到，案发之前马明并没有去过库房，显然马明在说谎，民警决定暗地里继续调查。

经过一个多月的走访，警方在方慧英身上找到了疑点，发现她跟一个叫徐东升的货运司机交往密切，而徐东升的身形又跟马明十分相像，难道纵火者是徐东升？而就在警方准备对徐东升进行调查时，徐东升的家人却到派出所报案来了，说徐东升可能出事了。

报案人是徐东升的母亲，据她说，她老伴死得早，儿子徐东升十分孝顺，以往每个星期都会看望她一两次，可最近两个星期却一直没见人影，而且还收到一些用儿子手机发来的莫名其妙的短信。另外，两个星期前她还接到了一个外地电话，说她的儿子杀了人，正在逃亡，不让她报警。她因此怀疑儿子出事了，所以到派出所报案。

这一信息无疑给警方带来了重大侦破线索，警方通过拨打徐东升的电话证实电话是通的，只是拒绝接听，接着还回复了内容为"正在忙"的信息。徐母说，自己已打过数十遍了，但对方只回复短信，从不接电话，儿子之前可从不这样。

警方也预感到事情不妙，于是通过技术手段确定了手机位置，并找到了手机的持有者，没想到竟是方慧英。面对突如其来的警方，方慧英顿时吓瘫在地。方慧英向警方承认她与徐东升的失踪有关，并说这是徐东升咎由自取。接着，方慧英便向警方讲述了案件的内情。

事情还得从两年前说起。2013年年初，25岁的方慧英产下一子。马明将乡下的母亲接到城里来照顾老婆和孩子。开始一家人相处得还不错，可时间一长，婆媳关系就紧张了。节衣缩食惯了的婆婆对儿媳的大手大脚有意见，说她乱花儿子的钱。儿媳不乐意，说花的是自己赚的钱。婆媳两人为这类事没少吵嘴。婆媳俩各有各的理，都找马明评理。马明向来孝顺，自小就不敢违拗强势母亲的意思，所以表态支持母亲，劝媳妇多忍让。这让方慧英很是憋屈。

有了儿子撑腰，婆婆的气势更壮了，两人的口角也就更频繁了。每当这时，马明总对媳妇说自己父亲死得早，母亲拉扯自己不容易，而且心脏又不好，让媳妇多忍让。方慧英对丈夫的偏袒没少抱怨，可丈夫就是认孝不认理，一味向着婆婆。

在这种家庭氛围下，方慧英在工作时总显得闷闷不乐，这让货运司机徐东升注意到了。徐东升 30 岁，已婚，妻子在外打工，有一女。他有一辆厢式货车，常帮马明和方慧英的物流站配送货物，因此三人彼此都很熟悉。有一次徐东升关切地问方慧英怎么了，方慧英便将自己对婆婆的百般不满说了出来。徐东升给她支招说："婆媳住一起哪有不吵架的，我妈和我媳妇之前也这样，后来媳妇外出打工了，也就消停了。"徐东升劝方慧英让婆婆回老家去，再请个保姆看孩子。

徐东升的提议让方慧英茅塞顿开，不过却被丈夫坚决地拒绝了，理由是母亲最大的心愿就是抱孙子，如今有了孙子不让她抱，这是不孝。

方慧英虽没能说服丈夫，却自此将徐东升当成了知己，有什么烦恼都向他倾诉，两人越发亲密起来。与此同时，方慧英跟婆婆和丈夫的关系则越来越紧张。

2014 年元旦，恰逢方慧英生日，她给自己买了一些衣服和首饰，总价一万多元。本想瞒着婆婆，不料婆婆在收拾房间时竟将发票翻了出来，便又开始唠叨儿媳乱花钱了："这个家早晚会被你败光。"方慧英被激怒了，生气地说："我是马明的媳妇，家里的钱有一半是我的，我想怎么花就怎么花，别人管不着。"婆婆也不甘示弱地说："你不管孩子、不顾家、不孝顺，哪有做媳妇的样子，我儿子娶了你是倒八辈子霉了。"婆婆的话太伤人，方慧英跑出了家门，委屈地泪流不止。

方慧英拿出手机本想给丈夫打电话，可犹豫了一会儿却拨通了徐东升的电话。徐东升立马赶到，见方慧英只哭不言语，便提议带她去看电影。两人并排坐在电影院里，徐东升的手臂不自觉地搭在了她的肩膀上，方慧英没有排斥，反而趁势依偎到了徐东升的怀里。

从电影院出来，方慧英想回家，因为丈夫已打过多次电话，她一个也没接。可徐东升却不愿她走，劝她说："回去就是认输，不如让马明母子紧张一晚。"方慧英也想看看在丈夫心里自己和婆婆到底谁重要，于是，她关掉了手机，跟徐东升到宾馆过了一夜。

第二天一早，方慧英惴惴不安地回到家里。满眼血丝的马明将妻子拥入怀中，说很担心她，几乎给所有认识的人都打了电话。问妻子昨晚到底去哪儿了。方慧英心虚地说："昨天碰到一个女同学，被拉到她家做客，因聊得太晚，便住她家了。"

马明没有怀疑，便接着说起了母亲的事，说已跟母亲谈过了，让母亲带孩子回老家抚养。方慧英不同意，坚持请保姆。马明说，母亲肯定比保姆更用心，再说到老家开车也就一小时，随时可以去看孩子。方慧英知道丈夫已经很为自己着想了，便答应了。

婆婆的离开让方慧英松了一口气，不过却没能缓解她和马明的关系，因为她的心此时已被徐东升占据了。之后几个月，方慧英和徐东升多次背着马明幽会。因马明总是不离物流站，方慧英只能编造借口外出，次数多了，难免会让马明生疑，这让方慧英很忧心。不过徐东升却很轻松地解决了这个问题。

原来，马明一直想买一辆大货车搞长途货运，但一直没买到合适的车。徐东升正好得知一个朋友急着低价转让大货车，便第一时间告知了马明。马明对车和价格都很满意，很快就成交了。马明对徐东升千恩万谢，可不知徐东升却是巴不得马明天天在外跑长途。

2014年3月，马明开始干上了长途货运，他经常外出，给徐东升和方慧英的幽会提供了便利，两人还租了房子，只要马明不回家，两人就住在一起。

两人的感情越来越深。2014年7月的一天，徐东升对方慧英讲，他跟他老婆的婚姻早就名存实亡了，一年到头也见不了几次面，要不是因为孩子早离婚了，现在他已深深爱上了方慧英，想离婚跟方慧英结婚。方慧英听后大吃一惊，她虽然喜欢跟徐东升在一起的感觉，可并没想过要跟丈夫离婚，她对徐东升说："我需要时间考虑，你先不要急着离婚。"

方慧英之前跟徐东升在一起只是追求抚慰和刺激，从未刻意地关注过徐东升的生活细节，可在徐东升向她求婚后，她就开始有意无意地关注这方面了。方慧英发现，徐东升有两个毛病是她无法接受的，一是酗酒，徐东升不但能喝，还好喝，跟朋友聚会经常不醉不归；二是脾气暴躁，一不顺心就压不住火，与人发生口角或肢体冲突都是常事。

而与此同时，聚少离多的丈夫倒是对方慧英越发体贴了，这让她有了跟徐东升断绝关系的念头。可就在此时，徐东升却向方慧英宣布，他跟妻子离婚了。

原来，2014年10月，徐东升的妻子国庆放假回家，徐东升便趁机向她提出了离婚。徐东升的妻子其实早跟丈夫过够了，只是舍不得女儿才没离。既然丈夫提出离婚，她就趁机要了女儿的抚养权。徐东升想自己和方慧英还年轻，还可以再生，就依了妻子，于是两人很快就协议离婚了。妻子将女儿带回娘家抚养，家里只剩下徐东升和他的老母亲。

徐东升离婚后便催促方慧英也赶紧离婚，可方慧英本打算跟他分手的，这下难办了。方慧英决定冷处理，故意疏远徐东升，让他自动放弃逼迫自己离婚的妄想。接下来一个多月，方慧英再也没主动跟徐东升联系，就是徐东升联系她，她也总是找借口拒绝跟其私下见面。这让徐东升很窝火。

一天，徐东升趁周围没人时质问方慧英是不是反悔了，为什么故意冷落他。方慧英想既然徐东升都挑明了，干脆就说个明白好了，便对他说："我跟你好，只是一时冲动，并没想过要嫁给你，之前也曾劝你不要着急离婚了。"徐东升听后用力地抓住了方慧英的胳膊，恼怒地说："我为了你连老婆孩子都不要了，而你现在却反悔了，没这么便宜。"最后，徐东升要求方慧英必须在2015年元旦前跟马明离婚，否则就由他出面去跟马明说，说完徐东升气呼呼地走了。

方慧英此时对跟徐东升的交往已经后悔，不可能再跟他结婚，可要是硬拖着，谁知道暴脾气的徐东升会干出什么事来，方慧英每天都提心吊胆。

2015年1月的一天晚上，马明没有外出，他接到物流站电话，说库房起火了。夫妻俩火急火燎地赶到现场，还好火势不大，被及时扑灭了，并没造成多大损失。马明很郁闷，而更让他郁闷的是现场留下的照片和以他的名义起草的离婚起诉书。他问妻子怎么回事，方慧英一看就慌了，她知道这事一定是徐东升干的，只是她不敢对丈夫明说，只好支支吾吾地说自己也不知道。

第二天，方慧英问徐东升昨晚的火是不是他放的，徐东升坦然承认，还说如果方慧英再不离婚，他还会继续用这种方式告诉马明。方慧英大骂他混蛋，徐东升哼了一声说："我是混蛋，还是个已经一无所有的混蛋。"方慧英挂了电话只觉得脊背发凉，她不知道该怎么办，跟丈夫离婚跟徐东升结婚吧，自己这辈子就完了，可不跟丈夫离婚，谁知道接下来会怎样。

徐东升果然没食言，在接下来的一周里又连续放了两把火，最后一把火放得最大，给马明的物流站造成了很大损失。接下来便发生了本案开头的一幕，马明因第三次火灾损失了10多万，向保险公司申请火灾赔偿被拒赔，还被认为是恶意纵火骗保。而警方一开始也怀疑马明，却在马明主动销案后将目标锁定在徐东升身上，可还没展开调查，徐东升竟离奇失踪了，后经警方技术侦查，通过徐东升的手机找到了方慧英，这才揭开了纵火案的真相。

纵火案真相大白，纵火的元凶徐东升现在又在何处呢？听了警方的问话，方慧英失声痛哭，她说："徐东升已不在人世了，是我害了他和丈夫，我是个十恶不赦的女人。"

原来，就在徐东升放了第三把火后，方慧英再也忍不住了，她悔恨地向丈夫道出了自己和徐东升的私情，说火是徐东升放的，目的是想逼迫自己跟他离婚。马明听后半晌没言语，他呆呆地望着妻子。方慧英痛哭流涕地说："我只是一时糊涂，我并不爱徐东升。"方慧英希望丈夫能看在儿子的分儿上原谅她，马明想到儿子也心软了，便原谅了妻子。

马明不免担心徐东升三天两头纵火何时是个头，方慧英说："我了解徐东升，他不达目的绝不罢休，只要他还活着，就不会轻易放过我，所以最好的解决办法就是杀了他。"马明被妻子的话震住了，一开始他死活不同意，可却禁不住妻子的反复劝说，最终决定跟妻子一起杀掉徐东升。为此，他们还做了周密的计划，马明先到派出所销案，不希望警方继续介入。

一天，方慧英打电话给徐东升，谎称她已经向马明提出离婚了，马明也同意了，最近几天就办手续，想晚上见见徐东升，地点在护城河边。徐东升挂了电话，满心欢喜，没多想就赴约了，丝毫没有意识到等待他的不是新娘，而是死亡。

方慧英早早就在护城河边等他了，还给他准备了最爱喝的饮料。两人聊得很开心，畅谈婚后的美好生活，徐东升话说得多，自然就口渴，不一会儿就将饮料喝了个精光。可喝下去不久，他就犯困了，竟然靠着方慧英睡着了。这时，躲在不远处的马明出现了，他先用胶带粘住了徐东升的嘴，接着又用绳子将其脖子使劲勒住，不一会儿徐东升就断了气。马明又搬来一块大石头绑在了徐东升身上，将其推到了护城河里。就这样，马明和方慧英两人神不知鬼不觉地杀害了徐东升，彻底解决了他的纠缠，也给自身带来了无穷的麻烦。

为了掩盖徐东升已被害的事实，方慧英买了一个外地号码，给徐东升的母亲打了一个电话，说自己是徐东升的朋友，徐东升在外地杀了人，已经外逃了，让徐母千万不要报警。之后，方慧英还不定时地用徐东升的手机给徐母发短信，稳住徐母。虽然方慧英尽量模拟徐东升的语气给徐母发短信，可还是被老人家发现了问题，那就是徐东升之前发短信几乎不用标点符号，而且很少发短信。正因为如此，徐母才觉得事有蹊跷，便向警方报了案。随后方慧英自以为天衣无缝的计谋被识破了。

警方很快将马明也逮捕归案，马明痛悔不已，后悔没能阻止妻子做傻事，自己还成了帮凶。马明认为是他在婆媳矛盾中太过偏袒母亲才造成了妻子的出轨，他也有责任。另外，他也不该为了多赚些钱，就抛家舍业地去跑长途，让妻子独守空房。

警方随后在马明指认的抛尸地点，打捞出一具高度腐烂的尸体，经过跟徐母进行DNA比对，证实死者就是徐东升。徐母得知后，悲痛欲绝，号啕大哭。

很快马明和方慧英被起诉到法院，审理期间两人赔偿了徐东升家属，最终法院判决两人均犯故意杀人罪，方慧英被判处有期徒刑15年，马明被判处有期徒刑14年。

判决生效后，马明委托律师代为向保险公司索赔，保险公司也很快对马明的损失进行了赔偿，而保险公司理赔后却将徐东升的母亲和女儿告上了法庭，向其索要赔偿。纵火的是徐东升，他已经死亡了，保险公司怎么又把徐东升的母亲和女儿给告了呢？

### 律师说法：保险人的代位追偿权>>>

保险人的代位追偿权，是指第三者对保险标的的损害而造成保险事故的，保险人自向被保险人赔偿之日起，有权把自己置于被保险人的地位，获得被保险人有关该项损失的一切权利和补偿。

本案中，徐东升故意纵火将马明库房烧毁，保险公司依据保险合同向马明支付赔偿金后，有权向徐东升进行追偿。由于徐东升已经死亡，徐东升的母亲和女儿作为继承人应在遗产范围内承担赔偿责任。

此处需要重点说明的是，徐东升的母亲和女儿对保险公司的赔偿应仅限于徐东升的遗产范围内，不能动用马明夫妻赔付给徐东升的死亡赔偿金，因为死亡赔偿金不属于遗产。

---

**法条链接>>>**

● 《中华人民共和国保险法》

第六十条　因第三者对保险标的的损害而造成保险事故的，保险人自向被保险人赔偿保险金之日起，在赔偿金额范围内代位行使被保险人对第三者请求赔偿的权利。

---

前款规定的保险事故发生后，被保险人已经从第三者取得损害赔偿的，保险人赔偿保险金时，可以相应扣减被保险人从第三者已取得的赔偿金额。

保险人依照本条第一款规定行使代位请求赔偿的权利，不影响被保险人就未取得赔偿的部分向第三者请求赔偿的权利。

● 《中华人民共和国继承法》

第二条　继承从被继承人死亡时开始。

第三条　遗产是公民死亡时遗留的个人合法财产，包括：

（一）公民的收入；

（二）公民的房屋、储蓄和生活用品；

（三）公民的林木、牲畜和家禽；

（四）公民的文物、图书资料；

（五）法律允许公民所有的生产资料；

（六）公民的著作权、专利权中的财产权利；

（七）公民的其他合法财产。

最终，徐东升的母亲和女儿在徐东升的遗产范围内向保险公司进行了赔偿。

案件结束后，方慧英痛哭不止，没想到自己的一时冲动竟毁掉了自己的下半辈子，还连累了丈夫和儿子，她悔不当初，希望婆婆能代为照顾好儿子。

马明也很懊悔，不该跟妻子一起犯糊涂，可事已至此，他只希望能好好表现，争取早点出来，因为自己还有母亲和儿子需要照顾。

俗话说"冲动是魔鬼"，这句话放在本案中最贴切不过了。方慧英因为一时冲动跟徐东升搞起了婚外情，而徐东升又因为一时冲动跟妻子离了婚，之后因得不到方慧英的及时回应竟然三次纵火，而作为对徐东升一系列冲动行为的回馈，方慧英和马明竟一时冲动杀之灭口。最终，三个人死的死，坐牢的坐牢，还连累了两个老母亲和两个年幼的孩子，可谓教训深刻。

# 初恋男友的阴谋

**关键词** 故意伤害罪 故意犯罪中的间接故意

2016 年 4 月的一天，准新娘王娜正在婚纱店里开心地试穿婚纱，突然，她接到民警电话，询问她是不是张树林的妻子，王娜忙说张树林是她的前夫，两人已离婚。民警随即解释说在张树林的手机上这个号码的联系人名称依然写着妻子，而张树林刚在一家饭店内发生了意外，现昏迷不醒，已被送往医院抢救。王娜顿时紧张起来，急忙赶往医院。

到了医院王娜从警方那里了解到，当时张树林昏倒在饭店的包间里，头部流了很多血，服务员发现后报了警并拨打了急救电话。张树林因失血过多，在医院昏迷了两天两夜才醒，期间王娜一直守在其身旁，内心无比的煎熬，她一边为前夫的伤情担心，另一边又为未婚夫的行踪深感困惑，因为自从前夫受伤后，未婚夫也随之不见了，手机关机，住处、单位都找不到。

前夫受伤，未婚夫失踪，莫非这两件事有什么关联？就在王娜疑惑不解时，警方传来消息，通过饭店的监控和多方调查，张树林当时是跟王娜的未婚夫赵勇一起进的饭店，后来赵勇走出饭店时显得颇为慌张，之后就不知所踪，因此警方认为赵勇有重大作案嫌疑。王娜有些蒙了，她已跟张树林离婚，张树林的存在对她和赵勇的结合已不是障碍，可赵勇为何还要去伤害张树林，而且还是在两人即将举行婚礼之际呢？

案发两天后，张树林醒来，向警方证实打伤自己的人正是赵勇，警方随即对赵勇展开了全面追捕。

未婚夫赵勇与前夫张树林是王娜人生中最重要的两个男人，她不知道他们之间到底发生了什么？而此时王娜更担心的是赵勇，因赵勇不仅是她的未婚夫，还是她的初恋情人，两人感情颇深。

王娜和赵勇都毕业于某高校的建筑工程系，王娜是赵勇的学妹，两人在一次学校举办的活动上一见钟情，赵勇儒雅又博学，王娜则漂亮又温柔，两人可谓郎才女貌，很快就成了恋人。赵勇毕业后留校读研深造，而王娜毕业后则直接回了老家工作。本来两人相约赵勇毕业后就结婚的，可王娜却在赵勇快要毕业时嫁给了张树林，自此两人就断了联系。

2015 年 5 月的一天，32 岁的王娜独自一人到一家商场购物，不想却巧遇了一个熟人，此人就是赵勇。两人都大感意外，相视一笑后便一同进了一家咖啡厅。初恋情人不期而遇，王娜既惊又喜，就像久别重逢的老友，王娜心中有很多话想对赵勇诉说。

王娜先是询问了赵勇的近况，赵勇说他毕业后的第二年也结了婚，不过因夫妻感情不和，婚姻仅维持了三年，此后他一直单身。赵勇现在一家大型建筑集团工作，几个月前刚被外派到王娜所在的城市担任项目经理。说完自己，赵勇便问王娜近况如何，王娜低着头半天没言语，可她心里却是五味杂陈，只是说不出口。赵勇见王娜似乎不开心，忙安慰她说："嫁了有钱人，生活上衣食无忧，还有什么不开心的呢？"

王娜听赵勇这么说，顿觉心酸，她知道赵勇对她当初嫁给张树林颇为不满，还曾视她为拜金女，可其实她嫁给张树林是另有缘由。

王娜两眼含泪地看着赵勇，她不想赵勇继续误会她，便将其中缘由统统告诉了赵勇。

原来，王娜上班后不久，风华正茂的她就被老板张树林相中了，张树林比王娜大 10 岁，身家数千万，却只有初中文化。王娜一直没看上张树林，一则两人的年龄和学识都相差太大，二则王娜当时还很爱赵勇。张树林虽多次被王娜拒绝，可他不气馁，依然对王娜紧追不舍。后来，王娜的弟弟因为酒驾出了车祸，造成两个行人重伤，需赔付对方上百万，王娜家里拿不出，王娜为此整日愁眉不展，不想得知这一消息的张树林竟主动拿出一百多万交给王娜，自此王娜和家人就对张树林感恩戴德。一百多万对当时的王娜来说犹如天文数字，估计打一辈子工也难以还清，可她又不愿欠人情债，所以只好以身相许，而这也是王娜家人一心企盼的。就这样，王娜向赵勇提出了分手，随后带着一颗感恩的心嫁给了张树林。婚后，两人的日子一直过得很平静，张树林对王娜一直很谦让，王娜也一直安心地过着阔太的日子，现今两人的儿子也已五岁了。

王娜告诉赵勇，她嫁给张树林是因为感恩，而不是感情，虽然物质上她什么都不缺，可感情上她却很空虚，两人没多少共同语言，张树林整日忙着赚钱，陪妻子的时间也不多，他唯一能充分给予妻子的只有冰冷的钞票。

王娜是哭着讲述完的，虽然她对这段婚姻有万般不满，却始终有一个理由让她继续忍耐，那就是对张树林的感恩之心。

赵勇听后很替王娜难过，劝她不如早点离婚，王娜双眉紧锁地摇了摇头说："张树林对我家有大恩，对我也一直百依百顺，我不能忘恩负义。"赵勇听后悲伤地望着王娜问道："难道你就打算这样将就一辈子？"王娜随即趴到桌上痛哭起来，她不想一辈子就这样生活下去，可除了苦撑她还能怎么样呢？她哭着说："我真后悔不该用婚姻还金钱的债，可现在已没有回头路了！"赵勇忙拿纸巾给王娜擦眼泪，并安慰了她许久。王娜的情绪逐渐平复，随后，赵勇还主动聊起了当年两人在一起时的许多趣事，这让王娜的心情好了许多。

此后两人开始了频繁交往，有时赵勇还会到王娜家中做客，就像老友一般，而为防张树林猜忌，王娜只介绍说两人是普通校友。张树林为人豪爽，对赵勇很是热情，对妻子跟赵勇亲近也没太在意。

赵勇的出现让婚姻不如意的王娜，在感情上得到了些许安慰，王娜对赵勇越发依恋，而赵勇也再次爱上了王娜，可王娜现今已为人妇，两人想再次在一起可不是件容易的事。

2015年9月的一天，两人会面时，赵勇突然抓住王娜的手说，他已再次爱上了王娜，想跟王娜在一起，希望王娜能离婚。王娜没有缩手，她两眼含情地看着赵勇为难地说："我也想跟你在一起，可张树林对我太好，提离婚我开不了口，除非张树林先对不起我。"王娜不离婚的主意很坚决，任凭赵勇怎么劝说都不为所动。

王娜虽然很想摆脱这段婚姻，但她却认死理，觉得只要张树林不背叛她，她就没有理由提离婚，而鉴于张树林过往对她一向恩爱有加，忠贞不二，王娜觉得两人永无离婚的可能，因为她不相信张树林会做出对不起她的事。可事有凑巧，这种事竟在短短两个月内变成了现实。

2015年11月的一天下午，王娜突然收到一条匿名短信，内容是说张树林正跟一年轻漂亮的女子在某宾馆的某房间幽会，王娜起初觉得莫名其妙，以为是诈骗短信，没理会，可不一会儿又收到信息，对方说若不信可亲自去看，眼见为实，王娜半信半疑，想着对方的话或许不是空穴来风，便决定前往一探究竟。随后，王娜敲开了宾馆的那间房门，开门的却是一位年轻漂亮的姑娘，王娜的心顿时"咯噔"一下，她一把推开那姑娘，直奔卧室，正好撞见张树林赤身裸体地在床上抽着烟。王娜顿时瘫坐在地，虽然她不爱丈夫，可却从没怀疑过丈夫的忠贞，她当即向张树林提出了离婚。张树林早已惊慌失措，赶忙穿好衣服向妻子解释说自己不是有意出轨的，是迫不得已。王娜不屑地说："难道这世上还有年轻姑娘逼迫一个老男人上床的事？"说完便头也不回地走出了宾馆。

此后一个月，张树林对王娜百般讨好求饶，可王娜都不为所动。在王娜看来，之前维持他们婚姻的无非就是张树林对王娜的恩情，以及彼此的信任，可如今张树林的背叛让此前的恩情尽消，彼此的信任也随之瓦解，婚姻已不能再维持了。最终，张树林见妻子离婚的心意已决，同意了离婚，作为补偿，张树林将名下的一处豪宅和1000万元的存款给了妻子，儿子则归了张树林。

王娜离婚后，赵勇第一时间就向王娜求婚，而王娜想都没想就答应了。随后两人开始筹划在"五一"举行婚礼，可就在这时，张树林出了意外，这也让王娜和赵勇的婚礼泡了汤。

张树林醒后，王娜急切想知道他跟赵勇之间到底发生了什么，不想张树林一听到赵勇的名字就破口大骂，还说他跟王娜的离婚完全是赵勇一手策划的！王娜顿时惊得目瞪口呆，使劲摇着头说这不可能，认为是张树林因恼怒赵勇让他受了伤而故意诽谤赵勇，张树林见王娜不相信，便跟王娜讲起了他受伤的经过。

原来，离婚后的张树林经常借酒消愁，就在他被赵勇打的前一天晚上，他跟几个朋友一起喝酒，席间，一个朋友忽然说当天曾撞见王娜和赵勇牵着手逛婚纱店，两人"五一"就要结婚了。这时另一个朋友接话说："这有什么奇怪的，赵勇可是王娜大学时的初恋男友。""什么？"张树林目瞪口呆，这下他不淡定了，王娜一直说两人仅是校友，可朋友却发誓说，他的话绝对不假，他老婆跟王娜交情很好，这是王娜亲口对他老婆讲的。

张树林的脑袋顿时开了锅，这未免也太巧了吧，赵勇竟是王娜的初恋情人，而更巧的是跟他出轨的那位叫婷婷的姑娘，竟还是他通过赵勇认识的！难道这里面有阴谋？

张树林跟婷婷的相识是在赵勇安排的一次酒宴上，当晚张树林喝多了，饭后婷婷却非要张树林送她回宾馆房间，结果酒醉的张树林没控制住自己，跟婷婷发生了关系。酒醒后，张树林觉得对不起婷婷，本想多给些钱打发婷婷，可婷婷却说自己爱上了张树林，非要跟张树林继续好下去，张树林一时无法招架，只得继续维持，不想两人在一起还不到一个月就被妻子王娜发现了，还逮了个正着，随后两人离婚。

张树林对离婚的事一直耿耿于怀，现在得知赵勇是王娜的初恋情人，就开始怀疑婷婷是赵勇故意介绍给他的，目的是诱惑他出轨，然后赵勇再唆使妻子王娜跟他离婚。

为了证实自己的猜测，第二天，张树林在跟婷婷约会时假装无意透露了前妻王娜跟赵勇有旧情，以及两人正准备结婚的事，婷婷恍然大悟道："难怪赵勇要极力撮合我们，真是老谋深算啊！"张树林自此算是彻底明白了，他和王娜的离婚完全是赵勇算计好的，气急败坏的他随即打电话质问赵勇，赵勇却矢口否认。张树林不信，扬言要将此事告诉王娜，赵勇听后很着急，便邀请张树林一起吃顿饭，听他慢慢解释，张树林想要弄清事实，便答应赴约。

两人随后在一家饭店的包间相遇，一见面张树林就要赵勇解释清楚到底有没有插手自己离婚的事，赵勇坚持说自己无辜，说张树林跟婷婷只是碰巧在他请客时认识的，他没想到婷婷会趁机魅惑张树林，更没想到张树林会这么禁不起诱惑。张树林听后沉默不语，心想要是自己能禁得住诱惑，即便是赵勇故意设的局也套不住自己。这时赵勇又在张树林面前指天发誓说，要是他真的插足了张树林跟王娜离婚的事，让他不得好死。

张树林见赵勇都发了毒誓，想着这事或许真是巧合，便决定不再追究了，可酒喝到半酣，张树林忽然又有了一个疑问，而正是这个疑问让两人发生了肢体冲突。

那么张树林到底想到了什么呢？原来，他想到了自己一直不得其解，又未曾好意思开口问妻子王娜的一个问题，那就是当日王娜是怎么知道他正跟婷婷在宾馆幽会的呢？张树林问赵勇是不是他偷偷告诉王娜的，赵勇又矢口否认，说这事他还是事后从王娜处听说的。此时张树林想着既然离婚了也要离个明白，便掏出手机准备给王娜打电话问清楚这个问题，没想到电话还没拨出去，赵勇就伸手将他的手机抢走了。张树林见赵勇这般反应，料想是他做贼心虚，就更想找王娜问个明白了，于是极力要抢回手机。可赵勇却死活不撒手，于是两人厮打在一起，突然张树林被赵勇猛然一推，一个趔趄脑袋就磕在了桌角上，当时就失去了意识，醒来后就躺在了医院里。

听张树林讲完，王娜半天没言语，前夫出轨，两人离婚，到底是巧合还是阴谋？匿名短信到底是谁发的，难道真是未婚夫赵勇？王娜真想立马找到赵勇好好问一问，可是赵勇已经神秘失踪，他到底去了哪里呢？

几天后，警方在邻市的一家宾馆内将赵勇抓获。据赵勇交代，他当时见张树林头部鲜血直冒，又一动不动，以为张树林已死，便慌张地跑了出去，想到自己要杀人偿命，还是走为上策，于是立即关了手机，回家取了几件衣物便逃到了邻市，在一家宾馆内躲了起来，不想还是被警方逮到了。

被捕后的赵勇见事情已经闹到这步田地了，也没必要再隐瞒了，于是便向警方吐露了自己设计让王娜和张树林离婚的缘由。

这一切都源于赵勇和王娜的再次相遇，此后赵勇再次爱上了王娜，可王娜虽然婚姻不如意，却坚持非要等张树林对不起她时才肯提离婚。为此赵勇很苦恼，远离王娜吧，不舍得，继续追求王娜吧，又难有结果。而就在此时，赵勇碰到了婷婷。婷婷是赵勇负责项目的一个供货商的代理人，是个典型的拜金女，整日打扮得很妖娆，一心想傍个大款。婷婷的出现让赵勇的脑袋灵光一闪，他忽然想到了迫使王娜离婚的好主意，那就是对王娜的丈夫张树林实施美人计。

2015年10月的一天，赵勇热情地邀请张树林吃饭，并找来婷婷作陪，说要给她介绍个大款。酒桌上，赵勇将张树林好一番吹捧，夸耀他如何有钱，如何豪爽，听得婷婷心花怒放，对张树林不住地献殷勤。吃完饭，赵勇借口有点急事不能送婷婷回宾馆了，要张树林代劳，张树林没推辞，随后婷婷趁张树林酒醉便如愿傍上了张树林，之后两人便频繁在宾馆幽会。赵勇通过暗中观察，慢慢掌握了两人约会的地点和规律。

美人计大获成功，张树林已经做了对不起王娜的事，赵勇想接下来就是让王娜眼见为实，只有这样王娜才会下定决心离婚，而且作为无过错方，王娜还会拿到一笔巨额赔偿，对赵勇来说，这可是一笔丰厚的嫁妆。2015年11月的一天，从婷婷那里了解到两个人要到宾馆见面，赵勇提早在他们常去的宾馆附近守候，等张树林一出现，赵勇就用早已准备好的一张未实名登记的手机号给王娜发了匿名短信，王娜随后赶到，亲眼见到了张树林出轨的事实，随即提出了离婚。

王娜离婚后很快就跟赵勇住到了一起，赵勇不但如愿抱得美人归，还因此发了一笔横财，可谓人财两得。可就在赵勇春风得意，准备迎娶王娜之时，张树林却无意间撞破了他的阴谋，还要当面找赵勇理论。饭店内，赵勇因不想在婚礼前出现意外状况，想阻止张树林再纠缠过去离婚的事，便抢夺了张树林的手机，两人因此发生肢体冲突，后来张树林头部撞伤倒地，赵勇见张树林倒地后一动不动，以为人死了，这才仓皇逃走。

得知事情真相后，王娜除了心寒还感到脊背发凉，没想到自己心目中的儒雅君子竟然是个道貌岸然的伪君子。王娜本来对赵勇寄予厚望，对两人未来的婚姻充满了美好的憧憬，可现在所有的希望都破灭了，王娜感觉自己的整颗心都碎了。

案件侦破后，警方对张树林的受伤程度进行了鉴定，鉴定结论为颅脑损伤，重伤等级。因为案件事实清楚，很快人民检察院就以赵勇涉嫌故意伤害罪向人民法院提起了公诉。

**律师说法：故意伤害罪>>>**

故意伤害罪，是指故意非法伤害他人身体并达到一定的严重程度、应受刑法处罚的犯罪行为。

故意伤害罪在主观方面表现为故意。即行为人明知自己的行为会造成损害他人身体健康的结果，而希望或放任这种结果的发生。一般可按实际伤害结果来确定是故意轻伤还是故意重伤。

在法庭上，赵勇对自己所实施的犯罪事实供认不讳，但辩称他的行为属于过失行为，他并没想故意殴打或伤害张树林，他的行为不构成故意伤害罪。那么赵勇的辩解是否成立呢？

**律师说法：故意犯罪中的间接故意>>>**

故意犯罪有直接故意和间接故意之分。间接故意，即明知自己的行为可能会发生危害社会的结果，并且放任这种结果发生的心理状态。

所谓放任，是指行为人对于危害结果的发生，虽没有积极地追求，但也没有有效地阻止，既无所谓希望，也无所谓反对，而是放任自流，听之任之，任凭它发生与否，对结果的发生在行为上持一种消极的态度，但在心理上是肯定的，不与其意志冲突。

间接故意与直接故意的不同：直接故意包括明知可能和明知必然两种情况，间接故意只有明知可能一种情形；直接故意的主观恶性大于间接故意。

本案中，赵勇因怕阴谋败露与张树林争抢手机并发生厮打，赵勇在推搡张树林过程中，他明知道很可能会使酒后的张树林摔倒或撞上其他物品，而导致受伤，但他放任这种结果的发生，最后也确实损害了张树林的身体健康，因此他的行为属于间接故意。

**法条链接>>>**

● 《中华人民共和国刑法》

第十四条 明知自己的行为会发生危害社会的结果，并且希望或者放任这种结果发生，因而构成犯罪的，是故意犯罪。

故意犯罪，应当负刑事责任。

第二百三十四条 故意伤害他人身体的，处三年以下有期徒刑、拘役或者管制。

犯前款罪，致人重伤的，处三年以上十年以下有期徒刑；致人死亡或者以特别残忍手段致人重伤造成严重残疾的，处十年以上有期徒刑、无期徒刑或者死刑。本法另有规定的，依照规定。

最终法院经审理，以赵勇犯故意伤害罪，判处有期徒刑七年。

赵勇很后悔在追求王娜的过程中使用了阴险伎俩，结果偷鸡不成蚀把米，今后恐怕跟王娜连朋友也没法做了。更让他绝望的是，大好的年华却在牢房里度过了，他最后的青春就要虚度了，这代价让他难以承受，一想到未来，他的眼泪就止不住。

张树林更是后悔自己定力不够，中了赵勇的美人计，结果赔了夫人又折兵，现在还因颅脑损伤留下了后遗症，不但走路不稳，还经常有耳鸣、健忘等症状。王娜取消了跟赵勇的婚礼，却并不打算再跟张树林复婚，她现在身心俱疲，需要时间考虑她到底需要什么样的婚姻。

张树林在了解真相后紧接着就用钱将婷婷打发走了，婷婷很懊丧，还以为傍上张树林终身有了依靠，结果落了个鸡飞蛋打。

婚姻本应是用爱编织的，可有些人走进婚姻却并非因为爱，比如本案中的王娜，她嫁给张树林完全是出于感恩，婚姻成了她还债的工具，结果婚姻变成了她的牢笼；再比如本案中的婷婷，婚姻对于她来说却是套钱的工具，费尽心机，结果却落得两手空空。当然，经营婚姻离不开钱，但是请别忘了，婚姻这栋大厦的根基永远是感情，没有感情的婚姻永远是不牢靠的。

# 试探妻子引祸端

**关键词** 共同故意犯罪 强奸罪

2012年9月的一天下午，北方一家宾馆的楼道里，一名浑身上下只裹着浴巾的女子跪在地上，死死地抱着一名男子的腿。女子满脸泪水，苦苦地哀求着："你不要走，求求你了，把照片删了吧！"男子多次试图挣脱，可女子就是不肯放手。宾馆里围观的人越来越多，男子开始惊慌起来。

这两个人到底是谁呢？他们又是什么关系？女子苦苦哀求让男子删除的又是什么照片呢？宾馆工作人员见状拨打了"110"报警，不一会儿民警赶到，并将这对男女带到了派出所。

民警分别对两人进行了询问。男子供述说，自己名叫李小亮，是外地人，女子名叫贾丽丽，是他的情人。他本想终止两人的关系，便约贾丽丽在宾馆见面，可当他提出分手后，贾丽丽却向他索要10万元分手费，他拿不出也不想给，两人便因此发生了争执。于是他便想一走了之，不承想贾丽丽竟死命抱住了他的腿，不让他离开。

随后民警又对贾丽丽进行了询问，不想贾丽丽却另有一套说法，跟李小亮说的完全不同。贾丽丽说，李小亮是她的网友，半个月前两人相约见了面，并且在酒后发生了关系。事后贾丽丽心生悔意，便决定与李小亮断绝来往，可李小亮非但不同意，还要求贾丽丽做他的情人。贾丽丽坚决不答应，李小亮便威胁说，他手上有贾丽丽的几张裸照，如果贾丽丽不同意，他就把裸照发到网上去。为了要回自己的裸照，贾丽丽迫不得已与李小亮在宾馆见了面，可让她没想到的是，李小亮非但拒绝删除她的裸照，还趁机强暴了她。说到这儿，贾丽丽伤心地哭了起来。

民警有些疑惑，两人说的版本完全不同，到底谁是谁非呢？见民警有些怀疑自己的话，贾丽丽掏出了手机，点开了李小亮先前发给她的一些威胁短信，让民警查看，另外，贾丽丽还将两人在宾馆里的谈话做了录音。这些短信和录音都证实贾丽丽说的才是真话，而李小亮明显说谎了。

民警认为李小亮的行为已涉嫌强奸，于是决定对此事进行立案侦查。然而，当民警再次对李小亮进行讯问时，李小亮依然坚称自己和贾丽丽是情人关系，并否认对其实施了强奸。民警见李小亮仍不肯说实话，便播放了他与贾丽丽在宾馆内的谈话录音，而录音内容足以证实李小亮对贾丽丽实施了强奸。李小亮一听就慌了，赶忙如实做了交代，不想他说出的实情着实让民警大吃一惊。

据李小亮供述，他非但不是贾丽丽的情人，也不是贾丽丽的网友"一见钟情"，他见贾丽丽完全是受了别人指使。

什么？受别人指使冒充网友并实施强奸？民警听后一头雾水。那么，李小亮是受谁指使？如果他不是"一见钟情"，那真正的"一见钟情"又是谁呢？

据李小亮交代，此人正是他受雇公司的老板马大飞。民警随后找到马大飞了解情况，当民警将李小亮强暴贾丽丽的事告诉他时，马大飞登时目瞪口呆，继而大骂李小亮混蛋，还捶胸顿足，嘴里不断地说着："都是我的错，是我害了丽丽啊！"

这又到底是怎么回事呢？马大飞究竟跟贾丽丽是何关系？他为何要指使手下员工冒充自己的网名和网友发生关系呢？原来，这个马大飞不是别人，正是贾丽丽的丈夫。得知两人关系的民警很是惊讶，这马大飞怎么会指使别人去强奸自己的妻子呢？这其中到底有何隐情呢？

原来，马大飞和妻子贾丽丽是高中同学，当时马大飞一直暗恋贾丽丽，可却从未敢于表白。高中毕业后，贾丽丽考上了省城的一所大学，而马大飞却因学习成绩不好而名落孙山，就此开始了打工生涯。马大飞先是在一个建筑队里当小工，几年后又做起了包工头，项目越做越大，赚的钱也越来越多，马大飞不久就成了当地的有钱人。由于马大飞一直忙于工作，无暇考虑婚姻，因此虽然年龄不小了，可他还是单身一人。

2009年1月，马大飞应邀参加了一次高中同学聚会，正是在这次聚会上，马大飞与贾丽丽再度重逢。马大飞从同学口中得知贾丽丽大学毕业后留在了省城工作，如今也是单身一人。当天晚上，马大飞躺在床上翻来覆去睡不着，回想起高中时对贾丽丽的魂牵梦萦，又想到如今的贾丽丽比原来更漂亮了，也更有女人味了，马大飞就下定决心要追求贾丽丽。

拿定主意后，马大飞立即付诸行动，对贾丽丽展开了疯狂的追求。马大飞经常给贾丽丽打电话嘘寒问暖，而且一有时间就会去省城看望贾丽丽，还会为贾丽丽精心挑选一些贵重的礼物。尽管马大飞为贾丽丽做了很多浪漫的事，可贾丽丽却认为，她与马大飞不在同一个城市，如果两人在一起就会面临两地分居的生活。而且两人的经济条件相差很大，贾丽丽只是个工薪族，而马大飞却已是个阔老板，这给她一种不踏实的感觉。

一天晚上，贾丽丽发了高烧，独自一人在省城奋斗的她此时感觉特别孤独、无助，便在跟马大飞通话时吐了许多苦水。马大飞听闻贾丽丽生病了，很是着急，顾不得已连续奋战了两天的疲惫的身体，连夜开车赶到了省城。当贾丽丽打开门，看见从天而降的马大飞站在门口时，当即热泪盈眶。随后马大飞将贾丽丽送到了医院，并守在其病床旁直至其康复。贾丽丽终于被马大飞的真情所打动，就这样，两人谈起了恋爱。2010年5月1日，马大飞在众多男人的羡慕和嫉妒中，与贾丽丽步入了幸福而神圣的婚姻殿堂。

婚后，贾丽丽辞去了省城的工作，做起了全职太太。夫妻俩恩爱和睦，从未因任何事发生过争吵。马大飞也一再说，能娶到贾丽丽是他此生最大的福分。这就让人疑惑不解了，既然夫妻两人如此恩爱，马大飞又为何指使别人伤害妻子呢?

原来，马大飞的母亲年轻时长得非常漂亮，在马大飞很小的时候，母亲红杏出墙，跟别的男人跑了，此后马大飞的父亲一个人含辛茹苦地将马大飞养大。马大飞一直未走出不幸家庭的阴影，这让他对原本幸福的婚姻缺乏安全感，他甚至认为女人的美貌或许是一个家庭的不幸。由于马大飞从事的是建筑行业，工地经常在外地，有时为了赶进度，马大飞经常两三个星期才能回家一次。长期在外工作的马大飞心里始终有一个担忧——漂亮的妻子会对自己忠贞不二吗？

马大飞决定试探一下妻子，他知道妻子贾丽丽平时喜欢在 QQ 上聊天。于是，他便申请了一个新的 QQ 号，又起了一个吸引人的网名"一见钟情"，并把妻子贾丽丽加为好友。在网络上，扮作陌生人的马大飞时不时地向贾丽丽发来暧昧的话语，刚开始贾丽丽对他不理不睬。可由于马大飞对妻子贾丽丽的性格太了解了，所以每每都能说到贾丽丽的心坎里去。渐渐地，贾丽丽觉得这个"一见钟情"很懂她的心思，而且对她也比较关心。贾丽丽对这个叫"一见钟情"的网友逐渐有了好感，互动也多了起来，但贾丽丽在两人的聊天中却从未说过出格的话。

一天，马大飞又突发奇想，妻子贾丽丽会不会背着自己去见网友呢？想到这，马大飞以网友"一见钟情"的名义，提出要和贾丽丽见面，本以为妻子会拒绝，可让马大飞气愤的是，妻子贾丽丽竟然同意了。马大飞心想，一定要趁机试探一下妻子到底会不会做对不起自己的事。可这"一见钟情"就是自己呀，要是自己去，事情不就露馅了吗？于是马大飞便想找一个人代替自己去与妻子见面，可到底应该让谁去呢？这天，马大飞正在工地上为此事为难，突然他看见了工人李小亮，顿时眼前一亮，他觉得李小亮虽然是干苦力的，但人长得很帅气，也很精神，是个难得的替身。拿定主意后，马大飞便找到李小亮，让他代替自己以"一见钟情"的名义去见一个女网友，名叫贾丽丽，期间工资照拿，只要将会面情形向他如实汇报就行。但马大飞担心李小亮见到贾丽丽后说漏了嘴，便没将贾丽丽其实就是自己老婆的实情如实告知。李小亮一听是美差，不仅不用干活，还能拿工资，便爽快地答应了。随后，马大飞便将贾丽丽的 QQ 号、手机号，以及会面时间和地点都告诉了李小亮。会面前，马大飞对李小亮千叮咛万嘱咐，提醒他绝对不能伤害这个女网友。可两人会面的结果却让马大飞做梦也没想到。

就这样，李小亮以网友"一见钟情"的名义与贾丽丽见了面。这是贾丽丽第一次见网友，她既兴奋，又紧张，为了给网友留下个好印象，她还特意打扮了一番。到了约定的那天，贾丽丽提前来到了约定地点，不一会儿，一名身穿黑色风衣、年轻帅气的男子向她走了过来。来人正是李小亮。李小亮见到贾丽丽后，顿时两眼放光，贾丽丽实在太漂亮了！他赶紧自报家门，称自己就是网友"一见钟情"。为了确认李小亮的身份，贾丽丽简单地进行了询问，见李小亮知道她的姓名、QQ号以及手机号，便确信李小亮就是网友"一见钟情"。贾丽丽见到帅气的李小亮后也很兴奋，两人相谈甚欢。

两人先是在附近的旅游景点逛了逛，到了晚上又一起吃了晚饭，还喝了不少酒。一开始李小亮还时刻谨记老板马大飞交代的话，绝不做伤害贾丽丽的事，可等几杯酒下肚后，他就把话全抛到了脑后。酒足饭饱后，李小亮带着酒醉的贾丽丽来到了一家宾馆，一走进房间李小亮就抱住了贾丽丽，开始亲她，并将她扑倒在床上。刚开始贾丽丽还有些反抗，但慢慢地就顺从了，毕竟丈夫马大飞经常不在家，贾丽丽内心非常孤独和寂寞，再加上她已经有些喝醉了，也没了定力，便在半推半就之下与李小亮发生了关系。第二天早上，贾丽丽醒来后发现自己竟与李小亮赤身裸体地躺在一起，她非常后悔，赶紧穿好衣服匆匆地离开了宾馆。

李小亮一晚上都没回工地，一直在等消息的马大飞心慌了，他想，不会出了什么事吧！马大飞赶紧给李小亮打电话，可电话却无人接听，他又给妻子贾丽丽打电话，妻子的手机也关机了。马大飞担心了一夜，第二天在见到李小亮后，便火急火燎地质问李小亮昨晚怎么没赶回工地，到底干什么去了？为什么不接电话？李小亮心想，在他去见贾丽丽之前，老板马大飞一直叮嘱他绝不能伤害女网友贾丽丽，可他却与贾丽丽发生了关系，这要是被马大飞知道，工作恐怕难保。况且，这种好事，他可不想和别人分享。想到这，李小亮对马大飞谎称昨天与贾丽丽见面后，没多久贾丽丽就说有事离开了，他在回来的路上，正好碰到了一个老朋友，哥俩在一起喝了点酒，他喝多了，便在朋友家醉睡了一整晚，因此才没接马大飞的电话，也没能及时赶回工地。听了李小亮的解释，马大飞稍微松了一口气，可他还是有些担心，便又赶紧给妻子贾丽丽打了个电话，电话接通后，马大飞询问妻子昨晚手机怎么关机了，贾丽丽谎称手机没电了，她也是今早才发现手机自动关机了。听妻子这么一说，马大飞彻底把心放到了肚子里。

之后，马大飞再次登录QQ，却发现贾丽丽已经把他给拉黑了。马大飞先是一惊，可转念一想，肯定是妻子见了冒名的"一见钟情"李小亮后比较失望，所以才把他给拉黑了。

经历了这样的胆战心惊之后，马大飞不敢再冒这样的风险了，他想让此事就此了结，便告诫李小亮今后不要再去见网友贾丽丽了。可得了便宜的李小亮，哪里还听得进去马大飞的话，他嘴上答应了马大飞，可心里却另有打算。

李小亮觉得贾丽丽实在是太漂亮了，想着想着，他便掏出自己的手机来看。原来，那晚李小亮趁贾丽丽熟睡时，偷偷拍了几张贾丽丽的裸照。李小亮看着这些照片，心里美滋滋的，他想，如果贾丽丽是自己的女人该多好呀！想到这，李小亮突然有些失落，因为贾丽丽说她已经结婚了，还深爱着她的丈夫。李小亮心想，贾丽丽虽然不能嫁给他，可要是能够做他的情人也不错！想到这，李小亮随即拨通了贾丽丽的电话，并把自己的想法告诉了贾丽丽，没想到贾丽丽非常愤怒地说："你休想，我是不会再跟你见面的，请你以后不要再联系我了！"说完就把电话挂断了。李小亮有些蒙，昨晚还卿卿我我，怎么转脸就不认人了呢？

此后几天，不死心的李小亮又给贾丽丽打过多次电话，可贾丽丽愣是一个也没接。李小亮有些生气，便将偷拍的几张裸照发给了贾丽丽。看到裸照后，贾丽丽立马给李小亮回了电话，先是气得大骂李小亮卑鄙，不该趁她睡着偷拍照片，接着又苦求李小亮将照片删除，因为她不想让丈夫看到这些裸照，不想因此影响两人的婚姻。李小亮见贾丽丽服软，便得意扬扬地说："删除裸照可以，不过我要当着你的面删除，我们还是在上次的宾馆见面吧。"贾丽丽不假思索地答应了。

到宾馆后，李小亮起先还是软磨硬泡地想要贾丽丽做他的情人，可贾丽丽始终坚决不同意，最后李小亮便提条件说："只要你答应再跟我激情一次，我就把手机里你的所有裸照都删除，否则我就把裸照发到网上去。"贾丽丽原本不同意，可毕竟李小亮手里有她的裸照，迫于无奈的她只好同意了李小亮的要求。等发生性关系后，贾丽丽便要求李小亮兑现承诺，可此时的李小亮却翻脸了，因为他实在舍不得跟贾丽丽断了关系，不但不同意删除裸照，反而还要求贾丽丽随叫随到，否则就把这些裸照发给她的老公。贾丽丽既生气又害怕，不住地恳求李小亮将照片删除，李小亮想一走了之，却被贾丽丽死命地抱住了腿，迈不开步。这便发生了本案开头的那一幕，两人不寻常的举动惊动了宾馆工作人员，宾馆工作人员报了警，随后民警赶到，将两人带至派出所，调解纠纷。

得知李小亮对妻子造成了严重伤害后，马大飞恨不得亲手杀了李小亮，同时他也非常懊悔，觉得对不起妻子贾丽丽。而得知实情的李小亮也傻了眼，自己强暴的竟是老板马大飞的妻子，回想起来他就心惊胆战。

而了解到事情的整个经过后，贾丽丽简直被气疯了，她万万没想到自己竟被一个掉包的网友强暴了，而这一切竟还是自己一直深爱的丈夫马大飞一手造成的。她恨丈夫马大飞，更恨施暴者李小亮。

贾丽丽既伤心又生气，她也为自己的行为感到后悔，她后悔不该与网友见面，不该与李小亮喝酒，更不该与李小亮发生关系。可贾丽丽认为，这一切并不完全是自己的错，要不是丈夫马大飞自作聪明考验自己，也就不会发生这样的事情，自己也不会受这样的委屈。因此，贾丽丽认为，丈夫马大飞也应构成犯罪，他与李小亮属于共同犯罪。

那么，贾丽丽的丈夫马大飞与李小亮是否属于共同犯罪呢？

**律师说法**：共同犯罪>>>

共同犯罪就是指二人以上共同故意犯罪。共同犯罪的客观方面表现为：每个共同犯罪人的行为都是指向同一个目标，彼此联系，互相配合，结成一个有机的犯罪行为整体。

本案中，马大飞只是让李小亮代替自己去见贾丽丽，将贾丽丽的姓名、QQ号和手机号告诉了李小亮，但是马大飞事先已反复要求李小亮绝不能伤害贾丽丽。由此推论，马大飞非但没有伤害贾丽丽的犯罪目的，还曾经试图防止李小亮做出伤害妻子贾丽丽的行为。因此在整件事情中，马大飞并没有与李小亮相互配合，更没有参与实施犯罪行为，整件事情的后果，完全超出马大飞的预料。因此，马大飞的行为不构成犯罪，同样更不属于共同犯罪。

很快，检察院以李小亮涉嫌强奸罪向法院提起了公诉。

法庭上，李小亮反复辩称，他与贾丽丽两人是自愿发生关系的，他的行为并不构成强奸罪。那么李小亮的说法是否成立呢？

**律师说法：强奸罪>>>**

强奸罪，是指违背妇女意志，使用暴力、胁迫或者其他手段，强行与妇女发生性交的行为，或者故意与不满14周岁的幼女发生性关系的行为。

所谓胁迫手段，是指对被害妇女进行威胁、恫吓，达到精神上的强制，使妇女不敢反抗的手段，胁迫的核心是足以引起被害妇女的恐惧心理，使之不敢反抗，从而实现强行奸淫的意图。

本案中，李小亮与贾丽丽第一次见面后发生关系，的确是在贾丽丽自愿的情况下发生的，因此第一次李小亮的行为并不构成强奸。但两人第二次发生关系，李小亮却使用了胁迫手段，即拿贾丽丽的裸照相威胁，贾丽丽当时完全是为了拿回自己的裸照才被迫与李小亮发生关系，因此，李小亮第二次的行为已构成强奸罪。

**法条链接>>>**

● 《中华人民共和国刑法》

第二百三十六条　以暴力、胁迫或者其他手段强奸妇女的，处三年以上十年以下有期徒刑。

奸淫不满十四周岁的幼女的，以强奸论，从重处罚。

强奸妇女、奸淫幼女，有下列情形之一的，处十年以上有期徒刑、无期徒刑或者死刑：

（一）强奸妇女、奸淫幼女情节恶劣的；

（二）强奸妇女、奸淫幼女多人的；

（三）在公共场所当众强奸妇女的；

（四）二人以上轮奸的；

（五）致使被害人重伤、死亡或者造成其他严重后果的。

法院经审理认为：被告人李小亮违背妇女意志，以公布其裸照相威胁，胁迫被害人贾丽丽与其发生性关系，其行为已经构成强奸罪。最终法院判决被告人李小亮犯强奸罪，判处有期徒刑五年。

最终，李小亮锒铛入狱，他将为自己的行为付出惨重的代价。

马大飞也意识到了自己的错误，认为自己实在不该因为家庭阴影就怀疑妻子的忠贞，更不该故意设套去试探妻子，他一再请求妻子贾丽丽的谅解，希望两人能和好如初。

贾丽丽也对自己的行为进行了反思，她认为自己之所以会有这番遭遇，除了李小亮和丈夫马大飞的责任外，也怪她自己没能洁身自爱，太过放纵自己的欲望，这才让自己陷入了难堪的境地。考虑到自身也有错，再加上丈夫已表示悔改，贾丽丽最终原谅了丈夫马大飞。

苍蝇不叮无缝的蛋，夫妻双方的任何一方，时时刻刻都应洁身自好，这样才能避免招来苍蝇。而与此同时，夫妻双方也应彼此信任，千万不要像本案中的丈夫马大飞一样费尽心思地去考验自己的妻子，因为事情一旦败露，即便妻子没出轨，双方的感情也势必会受到冲击，甚至会土崩瓦解。至于那个追腥逐臭、胡作非为的李小亮，最终也难免像苍蝇一样逃脱不了被惩治的命运。

# 寻激情入陷阱

**关键词** 敲诈勒索罪　敲诈勒索公私财物价值

2011 年 10 月的一天下午，石卫东再次见到了与他分别多年的情人高燕，久别重逢，石卫东没有丝毫喜悦，反而是震惊得说不出话来，而这份震惊，与感情深厚或是多年未见没有丝毫关系。高燕的突然出现让石卫东在心里画了一个大大的问号，他吃惊地问道："你不是死了吗?"高燕听后满面羞愧地低下了头，没有回答，也没敢再多看石卫东一眼。

老情人久别重逢，却出现了如此尴尬的场面，很是让人意外。那么石卫东为什么会认为高燕已经不在人世了呢？而高燕又是做了什么亏心事，让她不敢面对石卫东呢？

事情还得从几年前石卫东的一场婚外情说起。2006 年，石卫东 56 岁，这年儿子结了婚，从家里搬了出去，他和妻子便又再次过起了二人生活。石卫东原本打算趁机和妻子重温年轻时美好的生活，可却不尽如人意。原来，之前两人的心思都放在了儿子身上，如今儿子搬了出去，以前夫妻间隐藏的各种问题便渐渐暴露出来。石卫东的妻子在家当了十多年的家庭主妇，心思始终围绕在丈夫和儿子的吃喝拉撒上，对其他事早就没了兴趣，而石卫东不服老，对新鲜事物向来很有兴趣。石卫东很快发觉他跟妻子越来越难有共同语言，甚至觉得在家与妻子面面相觑是一种煎熬，于是，他便总以工作忙为借口，很晚才回家。

石卫东的反常行为并没有引起妻子的不满，相反她还很心疼丈夫，经常劝石卫东干工作不要太拼命，毕竟不是自家公司，而且年龄也大了。对于妻子的劝解，石卫东向来只是"嗯"一声敷衍过去，一切照旧。石卫东觉得自己此前几十年好像一直在为儿子拼命，如今儿子成家了，又事业有成，他作为父亲的使命也算完成了。放下了儿子这个重担，石卫东除了感到轻松外，还感到了前所未有的空虚，他很想找个人倾诉一下，可一回到家，看到穿着肥大的旧睡衣，身材臃肿的妻子，窝在沙发里看电视的样子，他倾诉的欲望就全没了。

为了找个人一诉心中苦闷，石卫东在网上加入了一个同城聊天室。石卫东和一个网名为"寂寞"的女子聊得很投机，"寂寞"钦佩石卫东的睿智，而石卫东则认为"寂寞"看问题的眼光很独到，一来二去两人就成了网络好友，后来"寂寞"提出要见面，石卫东也很想一窥"寂寞"的真容，便答应了。

在一家很有情调的咖啡馆，石卫东跟女网友"寂寞"见了面，对方先自我介绍说名叫高燕，石卫东随后也将真名告知。高燕随即问石卫东，可不可以直接叫他"卫东"？听到这两个字，石卫东感觉高燕低缓温柔的声音穿透了他的筋骨，直达心脏。石卫东暗想，自己有多久没有听到过女人如此称呼自己了，有多久没有女人如此温柔地和自己说话了。在家里，进入更年期的妻子经常因焦虑乱发脾气，跟他说话也是粗声粗气；而在公司，因资历老职位高，女下属见到他也总是恭恭敬敬。想到这些，石卫东欣喜地"嗯"了一声。看着这个和自己儿子年龄相仿的女人，石卫东有些恍惚。高燕不到30岁，长相中上，虽算不上特别漂亮，但已褪去了女孩子的青涩，就像一个刚成熟的苹果，圆润又散发着自然的果香，尤其是她笑的时候，眉眼间透露着一丝魅惑。看着看着，石卫东不觉心猿意马起来，竟想要"品尝"一下这个刚成熟的苹果的味道。

"卫东，你在想什么？"高燕轻盈而关切的话语打断了石卫东的胡思乱想，石卫东不觉脸红起来。见高燕是这么一个难得的倾诉对象，石卫东便打开了话匣子，将这么多年为儿子辛苦操劳，以及儿子结婚后与妻子相处的不如意一股脑地倒给了高燕。高燕听后，轻轻地拍了拍石卫东的手臂，同情地说："家家都有本难念的经，想开点吧！"随后高燕也介绍起了自己，她的丈夫是个跑长途货运的司机，经常不着家，她现在的状态跟守活寡差不多。高燕说着，垂下眼睑，不住地摆弄手中的咖啡勺，一副楚楚可怜的样子。互吐心声后，石卫东对高燕有种相见恨晚的感觉，不知不觉中，两人聊了一下午，可石卫东仍觉得意犹未尽。

石卫东回家后反复回味着下午聊天时高燕的手指尖滑过自己手臂时的感觉，久违的心动，让他感觉好像回到了30多年前的初恋。晚上石卫东辗转难眠，最终他决定让自己的感觉做一回主，他清楚地意识到，他想跟这个叫高燕的女子发生点什么。第二天一大早，石卫东便背着妻子给高燕发了信息，约她再次见面。

为了第二次会面，石卫东坐立不安，他时不时照镜子，担心自己看上去太老，怕高燕嫌弃，同时，他还不住地幻想着两人再次见面时的情景，并计划着该如何向高燕展开追求攻势。可当石卫东再次见到高燕时，他才发现之前一切的担心和盘算都是多余的。这次，高燕居然表现得比上次还主动，不但一再表示对石卫东的爱慕之情，还一再不经意地用身体触碰石卫东，显然她对石卫东的老态毫不介意。两人的关系正向着石卫东所期盼的方向发展，石卫东明显地感觉到他人生的第二春已悄然来到，最后，在你情我愿的情况下，石卫东和高燕两人突破了道德底线，成了情人。此后，两人便频频找机会幽会。

几个月后的一天，两人再次见面，这次高燕忽然一反常态，威逼石卫东跟妻子离婚。原来，高燕称自己怀孕了，孩子是石卫东的，丈夫迟早会发觉，到时婚姻难保，而她又不想打掉孩子，所以她决定尽早跟丈夫离婚，然后光明正大地跟石卫东在一起。

孩子对于石卫东而言，就是个不速之客，他的第一反应是不能要这个孩子！他很清楚这个孩子会让他苦心经营几十年的家庭破碎，并让他一直以来的良好形象受损。石卫东忙劝慰高燕说："我年纪大了，从没想过再当父亲，而且前段时间我的应酬很多，喝了不少酒，我担心孩子不健康，还是把孩子打掉吧。"高燕听后埋怨石卫东只为自己着想，却没考虑到打掉孩子也会影响她的身体健康，万一她以后再也怀不上孩子怎么办？再说这孩子是两人爱情的结晶，她无论如何也舍不得。高燕是铁了心要将孩子生下来，而石卫东却坚决不想要这个孩子，两人谁也说服不了谁，最后高燕冷冷地丢下一句："你要是不离婚娶我，我就告诉你老婆，我怀了你的孩子。"说完转身离去。

离婚？石卫东想这绝对不可能，虽然妻子有时让他难以忍受，但是妻子这几十年来对家庭的付出，他心里是有数的，他不能做抛弃妻子的事。既不想离婚，又不想让妻子知道高燕的存在，石卫东为此犯了难，思来想去，石卫东决定破财消灾，他打算用钱说服高燕将孩子打掉。接下来，石卫东的说服工作做得很顺利，在他给了高燕10万元补偿费后，高燕答应了石卫东将孩子打掉的要求。石卫东松了口气，可未曾想，几天后高燕竟消失了，电话也成了空号。

此时的石卫东感到惶恐不安，他担心高燕拿到钱后并不打算做手术，而是要找妻子摊牌。此后一段时间，石卫东面对妻子每天都心情忐忑，疑神疑鬼地揣摩着妻子是否已知晓了他跟高燕的事，见妻子每日对自己都一如往常，石卫东悬着的心才稍微放了下来。不过，石卫东仍将高燕视为一个随时可能会引爆的定时炸弹。

石卫东的直觉是准确的，只是高燕这个定时炸弹引爆的时间比他预想的晚了些。一年后的一天，就在石卫东以为生活已完全回到正轨时，他竟意外地接到了高燕的电话。

"我把孩子生下来了，是个男孩，一会儿我给你发张照片。"听到高燕说出这句话，石卫东的心登时提到了嗓子眼，他担心高燕会以孩子为要挟，再次逼自己离婚。时隔一年，高燕温柔低缓的声音，再也不能让石卫东心动，反而让他有些害怕。好在石卫东担心的事并没发生，高燕只说孩子出生后，她的身体没调养好，希望石卫东能给她一些钱，让她买些营养品，好带孩子。石卫东这才松了一口气，放下电话，一条彩信随即进来，石卫东打开一看，是高燕发来的一个婴儿照片，小宝宝圆乎乎的样子十分可爱，大概是心理作用，石卫东越看越感觉孩子有几分像自己。

不过老来得子的石卫东并不怎么欢喜，反而很不希望这个孩子将来影响到自己现在的家庭。为了抚慰高燕，让她不生事，也为了对孩子尽点做父亲的责任，石卫东很快又了高燕5万元。再后来，高燕又以给孩子看病、买生活用品等理由，陆续向石卫东要了多次钱，从2006年一直持续到2009年，前后加起来差不多也有5万多元。

高燕每次开口要钱，石卫东均未拒绝，不过钱给得却并非心甘情愿，对于孩子，石卫东怀有不能给予父爱的歉疚，而对于高燕，他则是抱着"破财免灾"的心态。

这天，高燕又给石卫东打来电话，一看来电显示，石卫东就有一种说不出的烦躁，他接起电话没好气地问道："又是什么事？"电话那端，高燕的声音极为虚弱，她告诉石卫东说："我得了重病快要死了，唯一放心不下的就是咱俩的孩子，我已将孩子托付给表弟抚养，希望你能再给我10万元，作为孩子今后上学的费用。"石卫东听后一阵心酸，想着这些年高燕一个人带孩子确实挺不容易，既然这是高燕最后的心愿，他应当成全。再说高燕一旦去世，他和这个孩子之间的纽带也就断了，他能为孩子做的，也就这最后一笔钱了。石卫东慷慨地答应了高燕，很快就又转给高燕10万元。

此后半年多，高燕果然再没给石卫东打过电话，石卫东也就此以为他和高燕的婚外情终于画上了句号。不承想，突然有一天，一个不速之客竟闯进了石卫东的办公室，告知石卫东婚外情的事还没结束。

来人自称刘杰，是高燕的表弟，说高燕自从怀孕后，便很快跟老公离了婚，之后一直住在他家，这些年是他和高燕一起把孩子带大的。刘杰手举高燕的照片告诉石卫东，高燕已经去世，之前石卫东转给高燕的钱，高燕全都存起来留给孩子了，而他之前辛苦攒的钱全都给高燕治病了，现在连给高燕办后事的钱都没了。石卫东摸着高燕的照片，连连叹息了几声，刘杰见到石卫东有些犹豫，又赶紧拿出孩子的照片给石卫东看。刘杰这一招果然奏效，看到孩子的照片，石卫东觉得自己应该拿钱出来给高燕办后事，毕竟她是自己孩子的母亲，石卫东随即让刘杰留下了银行卡号，并许诺很快就会打五万块钱给他。刘杰随后千恩万谢地离开了石卫东的办公室，石卫东长出了一口气，他想这回一切总该结束了吧。

2011年4月的一天下午，已经退休在家的石卫东突然接到了刘杰的电话，电话里刘杰的声音显得十分慌张，话语也有些颠三倒四。石卫东听了好大一会儿才明白，原来高燕去世后，刘杰便将孩子交由高燕的父母抚养，现在两个老人不知道从什么地方知道了孩子的来历，正准备收拾东西去找石卫东和他妻子摊牌呢。石卫东听后脑袋"轰"的一声，还真是怕什么来什么，他急得脑门上都冒出了汗。石卫东忙低声下气地拜托刘杰不要让两位老人来找他，刘杰趁机给石卫东出主意说："现在高燕不在了，两个老人去找你，无非是希望给孩子多要点抚养费，让孩子今后不至于吃苦受罪。孩子今年已5岁，还有13年长大成人，倘若你愿意再付15万元的抚养费给孩子，我敢保证一定能劝服两位老人不再追究孩子身世的事。"

听到又要钱，石卫东有些为难，如今他已退休，每月固定的退休金不多，之前的存款也大都被高燕表兄妹俩要去了，他手里的闲钱实在不多了，一时难以凑齐。石卫东忧心忡忡地问刘杰："如果我这次再给15万，是不是我跟高燕的事就可以彻底结束了？"刘杰十分肯定地告诉石卫东："放心！这绝对是最后一次找你要钱了！"为了避免事情恶化，石卫东只得选择相信刘杰，他告诉刘杰，他手头上现在没有那么多钱，需要分几次打给他，刘杰表示没有问题。

此后几日，石卫东整日愁容满面，他一方面为钱发愁，一方面又担心如此下去恐怕还会没完没了。妻子见石卫东突然变得郁郁寡欢，便询问缘由，石卫东自然不想让妻子知晓他曾经跟高燕有过一段婚外情，所以百般辩解说没事，只是退休后闲得发慌而已。不想石卫东的举动在妻子看来却是越描越黑，因为石卫东退休不是一天两天了，之前一直乐呵呵的，怎么会突然感觉闲得发慌呢？于是妻子开始暗中观察丈夫石卫东，并在其到银行给刘杰转账汇款时跟踪了他，结果石卫东被妻子逮了个正着。

妻子一再询问刘杰是谁？跟石卫东到底是什么关系？为何要给他转账汇款？石卫东见事已至此，再狡辩也无意义，再说他也被那段婚外情折磨够了，便对妻子一五一十地说了几年前跟高燕搞婚外情，以及高燕产子后其和家人不断以儿子为借口向他要钱的事。石卫东的妻子听闻丈夫出轨很是气愤，可当她听到丈夫被人三番五次要钱后又觉得事有蹊跷，感觉丈夫被人骗了，劝他及早去报警。其实石卫东也并非没有怀疑过，只是因为担心他跟高燕的婚外情被人知晓后会让他家庭解体和身败名裂，所以一直捂着没深究，不承想对方竟要钱要上了瘾。

最终，石卫东在妻子的劝说下到派出所报了案。民警在了解相关情况后进行了立案调查。经民警查实，刘杰与高燕其实是夫妻关系，而高燕根本就没有死亡。随后，民警将刘杰和高燕带到了派出所，又找来石卫东对犯罪嫌疑人进行辨认，这才有了本案开头的那一幕，石卫东见到高燕后目瞪口呆，而高燕自知理亏连抬头看石卫东一眼的勇气都没有。

面对民警的讯问以及一笔笔的转款记录，高燕和刘杰承认了犯罪事实。据高燕供述，她和丈夫刘杰一直都没有稳定工作，本来就没多少收入，丈夫刘杰还嗜赌如命，欠下了不少赌债。为了还债，刘杰劝说妻子高燕利用自己的美色找人骗取钱财，高燕起初不同意，但迫于刘杰的威吓和经济压力只好顺从。通过网上聊天，高燕了解到石卫东是一家公司的高管，想必很有钱，而且石卫东还有一颗不安分的心，于是高燕便将石卫东锁定为诈骗目标。通过编造各种借口，前前后后夫妻两人一共从石卫东手里骗取了41万元，现已大部分被两人挥霍。

石卫东之所以一再被刘杰和高燕夫妇敲诈，主要是受制于高燕所生的孩子，那么这个孩子到底是不是石卫东的？这也是本案判刑的关键所在。随后，石卫东、刘杰均跟孩子做了亲子鉴定，鉴定结论是，孩子不是石卫东的，而是刘杰的。看到这个结论，石卫东彻底蒙了，自己竟做了五六年的冤大头，不但钱财损失不少，还身心俱疲，他觉得实在憋屈。

很快，检察院以高燕和刘杰涉嫌敲诈勒索罪向法院提起公诉。

法庭上，高燕一再辩称，当初她怀孕时并不确定孩子到底是谁的，不过经过推算，她认为孩子是石卫东的可能性大，所以后来她才以各种理由向石卫东要钱，只是为了代孩子向石卫东讨要抚养费。虽然现在经过亲子鉴定证实孩子不是石卫东的，那也只能说明这一切是场误会，她的行为并不构成敲诈勒索罪。那么高燕的辩解是否成立呢？

**律师说法：敲诈勒索罪>>>**

敲诈勒索罪是指以非法占有为目的，对被害人使用威胁或要挟的方法，强行索要公私财物的行为。

本案中，高燕先是以揭发两人婚外情相要挟从石卫东处骗取钱财，后又以"诈死"之名向石卫东索要"私生子"抚养费，到后来刘杰又先后以高燕"丧葬费"和高燕父母索要"私生子"抚养费的名义从石卫东处骗取钱财。从中不难看出，高燕和刘杰对石卫东使用了威胁手段，石卫东是被逼给钱的。另外，两人从石卫东处诈骗钱财的目的也不是为了抚养"私生子"，而是为了供自身享乐。因此，从目的和手段分析，高燕和刘杰的行为确已构成了敲诈勒索罪。

**法条链接>>>**

● 《中华人民共和国刑法》

第二百七十四条 敲诈勒索公私财物，数额较大或者多次敲诈勒索的，处三年以下有期徒刑、拘役或者管制，并处或者单处罚金；数额巨大或者有其他严重情节的，处三年以上十年以下有期徒刑，并处罚金；数额特别巨大或者有其他特别严重情节的，处十年以上有期徒刑，并处罚金。

● 《关于办理敲诈勒索刑事案件适用法律若干问题的解释》

第一条 敲诈勒索公私财物价值二千元至五千元以上、三万元至十万元以上、三十万元至五十万元以上的，应当分别认定为刑法第二百七十四条规定的"数额较大"、"数额巨大"、"数额特别巨大"。

法院最后审理认为：被告人高燕、刘杰以非法占有为目的，采取威胁的手段强行向他人索取钱财，且数额巨大，已构成敲诈勒索罪，最终，被告人高燕、刘杰被法院以敲诈勒索罪，分别判处七年和五年的有期徒刑。

高燕、刘杰两人锒铛入狱，他们将为此付出沉重的代价，数年的牢狱生活让两人望而生畏，而最让高燕放心不下的是孩子，她只得暂时交由父母代为照管。

石卫东的生活也将再难以回归平静。妻子对石卫东几十年的信任一下子崩塌，她心里一时难以接受，不久还因心脏病发作住进了医院。在医院里，石卫东想尽办法讨好妻子，可妻子就是不理他，只是沉默地看着他忙前忙后。出院后，两人的日子过得也很沉闷，有时一整天都说不上一句话。石卫东看着曾经爱笑的妻子如今整日面无表情，心里很不是滋味。

一段维持了仅数月的婚外情，无论是在物质上还是心灵上，都让石卫东付出了惨重的代价。辛苦大半辈子攒下的钱大部分被人骗走，石卫东很心痛，而比这更让他难受的是，妻子和儿子对他的冷漠，本是温馨港湾的家庭，如今却变成了寒冷刺骨的冰窖。有人常说"家花没有野花香"，殊不知野花只能让你爱一时，而家花才能让人爱一世。

# 荒唐的妻子转让

**关键词** 无效合同　无效合同中有过错方应承担民事责任

现今市场经济中，二手交易市场可谓异常火爆，二手商品也是种类繁多，有转让房子的，还有转让汽车的，可有谁听说过转让妻子的？想必读者一定会觉得不可思议，可天下之大，无奇不有，本案的主人公赵得财就干了这么一件荒唐事。

赵得财，三十多岁，是个普通农民，初中文化，为人小气蛮横，脾气也非常暴躁。虽说赵得财要长相没长相，要钱没钱，可他却娶了一个年轻漂亮的老婆，名叫王娟。王娟不但人长得漂亮，年龄也比赵得财足足小了十岁。为了迎娶王娟，赵得财不但将家底都掏空了，还欠了不少外债，最终才抱得美人归。

王娟与赵得财结婚不到五年，就生了两个儿子。赵得财守着一个漂亮媳妇，又有了两个儿子，心里甭提多高兴了，当然他对妻子王娟也是疼爱有加，家里家外的体力活从不让王娟插手。

按理说王娟也应该心满意足了，可丈夫赵得财的一个坏毛病却让她伤透了心。原来，赵得财平日里爱喝酒，喝醉后常动手打人，王娟就曾多次遭到过他的殴打。不过等赵得财酒醒后，他就会懊悔不已，跪在王娟面前认错，还指天发誓说绝不会有下次。可说归说，做归做，赵得财的誓言竟从没兑现过，依然三天两头喝醉，喝醉后就对王娟拳脚相加。王娟为了两个年幼的孩子对赵得财一忍再忍，这也让赵得财看穿了王娟的心思，认为王娟为了两个孩子是无论如何也不会离开他的，于是就更加肆无忌惮地酗酒打人。

2012 年 3 月的一天晚上，赵得财又醉醺醺地回到家，坐到沙发上便叫嚷着让王娟给他倒水，可此时王娟正在卧室哄两个孩子睡觉，便没理他。赵得财等急了，便冲到卧室对王娟一顿打骂，说她眼里只有孩子没有丈夫，赵得财越说越来气，打得也越凶，毫不顾及妻子和两个孩子的哭号，直打到王娟一动不动趴在地上才住了手。当晚，王娟默默哭了大半夜，她想着要是一直这样过下去，迟早有一天她会被赵得财打死，想到这儿，王娟决定不再忍受赵得财的家暴，当晚便简单收拾了行李一走了之。

第二天一早，两个孩子的哭声将赵得财吵醒，赵得财大叫妻子哄孩子，却不见回应，这才发现桌上有一张王娟留下的字条，大意是她外出打工了，让赵得财好好照顾两个儿子，但并没说具体去哪了。

赵得财这下慌了，自己一个大男人，又要赚钱养家，又要照顾两个孩子，这日子怎么过啊？赵得财懊悔不已，赶忙给妻子打电话请求原谅，说从此以后他一定痛改前非，再也不喝酒了，让妻子看在两个孩子的分儿上赶紧回家。可王娟却说她再也不相信赵得财的话了，宁可在外面饿死也不要回家被赵得财打死。

虽然王娟离家出走了，可心里还是难免牵挂两个孩子，便时不时给赵得财打电话询问两个孩子的情况，赵得财心想过不了多久王娟的气消了，再加上思念两个孩子，就会自己回家了。可让赵得财失望的是，两个月过去了，王娟不但没回家，连打电话的次数也越来越少了，甚至还经常挂断赵得财的电话，到后来王娟的电话竟再也打不通了。

王娟就这样莫名失去了消息，赵得财疯了似的到处寻找王娟，王娟娘家、朋友、同学，凡是能找的人他都找遍了，可几个月下来，还是没有王娟的半点消息。

就在赵得财为寻找王娟着急之时，他却偶然听说了有关妻子王娟与本村张强的一些风言风语。张强常年在外打工，很少回家，村里传言说王娟离家出走就是投奔张强去了。起初赵得财不相信，认为妻子王娟向来守本分，绝不会做对不起他的事。可后来传言越来越多，说的也是有鼻子有眼，这让赵得财有些坐不住了，他决定去一探究竟。

赵得财先将两个孩子托付给父母照看，然后连夜赶到了张强打工的城市，并打听到了张强租住的地址。赵得财心情忐忑地敲开了张强的房门，给他开门的是个女人，而这个女人不是别人正是他的妻子王娟。"你……你怎么来了？"王娟见到突然出现的赵得财，紧张地说不出话来。"好啊，你真在这里，现在就跟我回去！"赵得财又气又恨，他边说边伸手要去拽王娟，王娟则赶紧往后躲，她冷冷地说道："回去？回去让你打死我吗？我绝不回去！"赵得财听妻子说不回去，很是恼怒，可一想自己也是有错在先，而自从王娟离家后，两个孩子就总是哭闹，自己又当爹又当妈，哪儿是人过的日子啊，要是王娟真不回去，自己和两个孩子今后该怎么办啊？想到这，赵得财扑通一下跪了下来，痛哭流涕地哀求妻子王娟跟他回家，并保证今后再也不打王娟了。见丈夫如此，王娟有些揪心，她犹豫了一会儿，最后还是拒绝跟丈夫赵得财回家，理由是她跟赵得财过够了，而她现在的日子过得很好。

王娟本是因为不堪忍受赵得财的家暴才离家出走的，可她如今怎会住在张强租住的房子里呢？莫非两人早有私情？

原来，王娟离家后便坐上了南下的火车，并在一个大城市落脚，之后她找了份工作，便暂时稳定下来。第一次外出打工的王娟开始很不适应独自在外的生活，心里很苦闷，又挂念两个儿子，她有心回家，可又怕赵得财再次打她，便在外地咬牙坚持了下来。

一天，王娟偶然碰到了同村的张强，远在外地碰到熟人，两人都感到分外亲切。张强跟王娟年龄相仿，浓眉大眼，很爱说笑，王娟对张强很有好感。此后，张强便以同乡的身份照顾起王娟来，不仅经常请王娟吃饭，对她嘘寒问暖，还经常买些日常使用的东西送给王娟。王娟自知自己是有家庭的人，刚开始还刻意与张强保持着距离，但工作的劳累和情感的空虚却让她难以一再拒绝张强带给她的温暖，两人的关系越发亲密起来。与此同时，王娟觉得赵得财越来越令人厌恶，以前经历的那些挨打受骂的日子就像噩梦一样。自从跟张强相处后，王娟才体会到了生活的乐趣，随着交往深入，两人的感情逐渐升温，最终两人突破红线，成为了情人，不久还同居了。

王娟这边与张强过着夫妻般甜蜜的生活，而另一边赵得财却不停地催促她早点回去。王娟开始担心起来，万一赵得财知道了她和张强的事，依赵得财的禀性脾气，恐怕会杀了她和张强。于是王娟决定跟赵得财玩失踪，更换了手机号，也不再跟亲戚朋友联络了，王娟想，这样一来赵得财就无从知晓她和张强的事了。可正所谓好事不出门，坏事传千里，他俩的丑事最终还是被赵得财知道了。

面对妻子王娟的移情别恋，赵得财又该如何面对呢？是离婚，成全妻子？还是努力让妻子回心转意？

赵得财见妻子王娟说什么也不愿意跟他回家，便决定强行将妻子带回家，他连拖带拽将妻子拉出了张强的出租屋。王娟不愿屈从，在路上奋力挣脱了赵得财的控制，逃之夭夭。赵得财见妻子又逃走了，便怒从心起，买了一瓶烈酒，一把菜刀，然后守在张强房门口，专等张强回来算账，可让他失望的是，当晚张强和王娟谁也没露面。

原来，王娟从赵得财手里挣脱后便直接去找了张强，并告诉了他赵得财找上门来的事。两人担心赵得财气急败坏要行凶，当夜便找了家宾馆住下了。可躲得了一时躲不了一世，毕竟张强跟赵得财还是一个村的，跑得了和尚跑不了庙，事情总要想办法解决。王娟本想和赵得财好好谈谈，两人好聚好散，但张强担心赵得财会再次殴打王娟，甚至还会再次强行将她带走，看管起来，到时两人连面可能都见不着了。最后，张强决定还是自己出面跟赵得财谈谈。

第二天一早，张强在两个朋友的陪同下回到了出租屋，正好碰到赵得财在门口叫骂。赵得财一见张强回来，举刀就要砍，被张强的朋友给制止住了。张强赶紧好言好语给赵得财赔不是，并打开房门请他到屋里坐。张强说："我确实做了对不起赵哥的事，可我跟王娟是两情相悦，我并没强迫王娟跟我在一起。再说事情已经发生了，我愿意拿出 1 万元钱补偿赵哥的精神损失。"赵得财一听张强要出钱解决这事，立刻来了兴致，心想照目前情况来看，妻子王娟是死活不肯跟他回家了，要是王娟和张强两人就此远走高飞，他再想要钱可就难了，不过1万元也太少了。想到这儿，赵得财提出只要张强肯拿出10万元钱给他，他就把妻子王娟转让给张强。张强一听登时来了精神，他还没结婚，要是娶个媳妇，光彩礼钱也得几万元，而王娟长相不错，虽然已生了两个孩子，但身材依然很好。张强动了心思，不过认为赵得财要的钱太多，于是两个男人就转让王娟的价格开始"议价"，最终两人达成一致，转让费5万元。

张强怕赵得财反悔，就与其签订了一份"妻子转让协议"，主要内容为：王娟先与赵得财办理离婚手续，然后再与张强办理结婚手续；赵得财与王娟的两个孩子由赵得财抚养；张强支付5万元给赵得财，作为两个孩子的抚养费；王娟的转让费支付完后，双方永不纠缠。协议签订后，张强如约给了赵得财5万元，赵得财拿了钱后立马回了家，再没纠缠过张强和王娟两人，而张强因为担心王娟知晓转让协议后会对自己心生反感，认为自己不尊重她，所以便没有告知王娟，只说赵得财见王娟不肯回去，强求也没用，知难而退了，王娟信以为真。可怜的王娟，她怎么也想不到自己就这样糊里糊涂地"换了"丈夫。

然而就在签完协议的几个月后，让赵得财喜出望外的是，王娟竟然离开了张强，又回到了自己身边。这到底又是怎么回事呢？

没了对赵得财的担心，王娟与张强两人起初的生活还是很甜蜜的，可时间一久，王娟就越发不开心起来，因为她心里越发思念两个孩子，每当看见别人的孩子与母亲在一起的温馨画面时，王娟心里都非常难受。备受煎熬的王娟决定回去看看两个孩子，因为担心张强知晓后会生气，便谎称回娘家。

赵得财见王娟突然回来了，讥讽地说："你不是和别的男人过好日子去了吗？还记得有两个孩子呀？"王娟没理会赵得财，心思全放在了两个孩子身上。王娟离家有一年多了，两个孩子对她都有些生疏了。看见孩子穿着脏衣服，吃着剩饭，王娟心里非常难受。这天，王娟把屋里屋外收拾的整整齐齐，把孩子们的脏衣服都洗干净了，临走前还给了赵得财几百元钱，让他给两个孩子买些新衣服。王娟是哭着走的，她实在舍不得离开两个孩子，可她不想因为爱孩子就要不断忍受赵得财无休止的打骂，当然她现在也舍不得离开爱她的张强。

然而天下没有不透风的墙，毕竟赵得财和张强是一个村的，王娟回家看孩子的事最终还是被张强知道了，两个人为此还发生了激烈的争吵，张强认为王娟对赵得财旧情难忘，自此以后便开始疑神疑鬼，并不断催促王娟与赵得财办理离婚手续。而此时的王娟还没考虑好是否要与赵得财离婚，因为她实在放心不下两个孩子。王娟八岁时，母亲因病去世，她饱尝过没有母亲的痛楚，所以她很不希望两个孩子也要遭受这种不幸。

离婚的事就这么拖了下来，与此同时，王娟与张强两人最初的激情也逐渐褪去了，像平常夫妻一样，生活的重压开始使得王娟和张强两人常为琐事争吵。王娟还是念念不忘两个孩子，总是忍不住偷偷地给赵得财打电话询问两个孩子的情况。张强发现此种情况后很生气，也没少冲王娟抱怨，在张强看来，无论他怎么对王娟好，王娟心里还是放不下赵得财。

后来，王娟发现张强常常精神恍惚，开始时王娟以为是张强工作太累，便没放在心上，直到有一天，几个彪形大汉突然闯进了门，还不由分说地把屋里的东西砸了个稀巴烂，临走时还威胁王娟说，再不还钱就把王娟和张强都杀了，王娟这才意识到张强有事情瞒着自己。

在王娟的质问下，张强说出了实情。原来，不久前张强参加了一个朋友聚会，他见有两个朋友当场吸毒，出于好奇又加上他当时刚跟王娟吵完架心情不好，便也尝试吸了几口。张强本想尝尝鲜，不想却就此染上了毒瘾，几次想戒掉都没成功。张强收入微薄，为了吸毒，他不得不举债，几个月下来竟借了20多万元的高利贷。

知道真相后的王娟傻了眼，守着一个债台高筑的瘾君子，今后的日子可怎么过啊！更让王娟没想到的是，张强为了还高利贷竟然要求她出卖肉体，王娟认为这是一种侮辱，说什么也不同意。张强由于没钱买毒品，毒瘾发作时就会发疯似的殴打王娟，经常把王娟打得遍体鳞伤。与此同时，逼债的人也不断登门，王娟每天都生活在恐惧中。

此时的王娟开始后悔了，她自幼母亲早亡，父亲也在她未成年时出车祸亡故了，此后她便和哥哥相依为命。由于家境不好，王娟没读几年书，初中毕业后就在家帮哥哥干农活。成年后，为了能帮哥哥筹集到结婚的彩礼钱，让哥哥能早点结婚，王娟不顾哥哥的反对嫁给了赵得财，不想赵得财竟经常对她实施家庭暴力。后来王娟又跟了张强，本以为自此终身有靠，没想到张强竟染上了毒瘾，还妄想让她卖身还债。一想到这些，王娟就泪流不止，怨自己命苦，也恨自己当初离家太冲动。

伤心欲绝的王娟此刻又想到了丈夫赵得财的好，除了酒后家暴，赵得财平常对她和孩子都还不错，而且赵得财是个本分的人，结婚多年从没做过出格的事。此时王娟更想两个孩子了，这也最终促使她回到了赵得财身边。

在了解了王娟突然回家的原委后，赵得财心里暗暗窃喜，妻子主动回来了，还白得了张强5万元钱，怎么算自己都不吃亏。问题是人财两空的张强会善罢甘休吗？

张强对王娟的离去很生气，但他并不打算再要求王娟回到自己身边了，他现在最需要的是钱。于是张强便拿着"妻子转让协议"来找赵得财要钱来了，可赵得财却以妻子王娟是主动回家为由拒绝退还张强的5万元钱。直到此时，王娟才看到了张强手中的那份关于自己的转让协议，她又气又恨，没有想到丈夫和情人竟然视她为物品一般，还做起了转让交易。

后来，张强在咨询了律师后，将赵得财和王娟告上了法庭，张强要求赵得财退回自己的5万元钱，并赔偿自己精神损失费5000元。

张强认为协议上已经写明，他付给赵得财的5万元是王娟的转让费，赵得财在收到钱后就应该遵照协议跟王娟离婚，可至今两人还没办理离婚手续，而王娟也已回到了赵得财身边生活，由此可认定赵得财没有履行协议，因此退还5万元转让费乃是理所当然。

而赵得财却说，并不是他不想履行协议，协议签订后他便再没有找过王娟，是王娟迟迟没有找他办理离婚手续，现在也是王娟主动离开张强回到他身边的，因此他没有义务返还5万元。

那么赵得财该不该返还这5万元转让费呢？

**律师说法：无效合同>>>**

无效合同是相对于有效合同而言，凡不符合法律规定的要件的合同，不能产生合同的法律效力，都属于无效合同。

无效合同有三个特征：

一、具有违法性：是指违反了法律和行政法规的强制性规定和社会公共利益。

二、具有不履行性：是指当事人在订立无效合同后，不得依据合同实际履行，也不承担不履行合同的违约责任。

三、无效合同自始无效：无效合同违反了法律的规定，国家不予承认和保护。一旦确认无效，将具有溯及力，使合同从订立之日起就不具有法律约束力，以后也不能转化为有效合同。

本案中，赵得财与张强，以王娟和赵得财离婚，而后再和张强结婚为内容签订的协议，侵犯了王娟的婚姻自由权利。我国《婚姻法》明确规定，禁止包办、买卖婚姻和其他干涉婚姻自由的行为，因此该"妻子转让协议"属于无效合同。因此赵得财先前向张强索要钱财，以及后来张强要赵得财返还钱财，本身都没有法律依据，不受法律保护。但对于产生的法律后果，对此负有过错责任的一方仍要承担相应的民事责任。

**法条链接>>>**

● 《中华人民共和国合同法》

第五十二条　有下列情形之一的，合同无效：

（一）一方以欺诈、胁迫的手段订立合同，损害国家利益；

（二）恶意串通，损害国家、集体或者第三人利益；

（三）以合法形式掩盖非法目的；

（四）损害社会公共利益；

（五）违反法律、行政法规的强制性规定。

第五十八条　合同无效或者被撤销后，因该合同取得的财产，应当予以返还；不能返还或者没有必要返还的，应当折价补偿。有过错的一方应当赔偿对方因此所受到的损失，双方都有过错的，应当各自承担相应的责任。

最终法院认定：赵得财和张强签订的"妻子转让协议"，违反了《婚姻法》和社会公序良俗，属无效合同。同时，法院还认为，王娟已回到赵得财身边，所谓的5万元"转让费"，即孩子抚养费，赵得财应该返还给张强。不过张强明知王娟有家室，还与其同居，后来又与赵得财签订"妻子转让协议"，损害了赵得财和王娟的权利，也应当给予适当的赔偿。最后，法院判决赵得财退还3万元给张强。

这场由一张荒唐的协议而引发的官司结束了，虽然张强要回了一部分钱，但是勾引别人妻子和吸毒的名声已经传开了，张强和家人因为这件事在村里被人议论，抬不起头来做人。

赵得财在经历了妻子失而复得后，也开始反省自己之前酗酒家暴的行为，决定自此痛改前非，跟妻子和两个孩子好好过日子。

最痛苦的莫过于王娟，本以为找到了爱情，可以过上好日子，抛家弃子，最后却是幻影破灭，落了个声名狼藉。面对丈夫赵得财，还有两个孩子，王娟愧疚万分，她只能在以后的生活中慢慢弥补曾经犯下的错误。

对法律的无知会让人做出侵犯他人权利的行为，对生活的无知则会让人抵不住诱惑，做出悔恨终生的事。婚姻是神圣的，是受法律保护的，不能被当作物品进行交易，任何以婚姻做交易的人和行为都不受法律保护，一旦出现纠纷，只能自食其果。希望我们在生活中能慎重对待婚姻，擦亮双眼，不要被一时的表象所迷惑。

# 莫名死亡的妻子

**关键词**　犯罪中止　故意伤害罪

2016 年 8 月的一天，北方某县城派出所民警接到县医院医生的报警，说有名女患者在医院内因多个内脏器官功能衰竭而死亡，病因不明，医院怀疑妇女的死亡极有可能是被谋害的，而他们怀疑的对象竟是妇女的丈夫，原因是丈夫对妻子的死表现得极不寻常。

妻子莫名死亡，丈夫却被怀疑为凶手，那么究竟是丈夫的什么行为让医院怀疑上他的呢？

民警随即到医院进行了调查，据医生介绍，死亡妇女名叫王娇，39 岁，五天前入院，入院时下体红肿并伴有溃烂，一直嚷着肚子像火烧一样难受。王娇的丈夫李东阳向医生介绍妻子的病情时说："我妻子之前一直有轻微的妇科炎症，我怀疑可能是炎症加重了。"医生见王娇下体确实异样，除了红肿，还有些溃烂，便按妇科炎症先给王娇进行了治疗。可两天过去了，王娇的症状非但没有减轻，反而加重了。她开始不停地呕吐，还出现了严重地腹泻、胸闷、精神涣散等症状，这让医生觉得王娇很可能是中毒了，便向李东阳询问王娇发病前有没有接触过什么有毒物质，李东阳听后神色慌张地矢口否认，可接着他又恍然大悟地说："对，妻子一定是食物中毒了，病发前妻子曾喝了几包我拿回家的过期酸奶。"医生认为食物中毒确实可以引发相似的症状，随即对王娇更改了治疗方法，可治疗依然没有效果，王娇的多个脏器功能逐步减弱，精神也越发涣散，三天后，王娇终因多个脏器功能衰竭而死亡。

医生对王娇的死因很困惑，按说妇科炎症不会导致食物中毒的症状，而食物中毒也绝不会先从下体开始。同样让医生困惑的还有王娇丈夫李东阳的表现，面对几天来饱受病痛折磨的妻子，作为丈夫的李东阳，表现得虽有悲痛，更多的却是慌张。而就在妻子死亡当天李东阳就要将尸体送往火葬场火化，如此着急的做法就更让医生困惑不解了，据此医生怀疑李东阳或许与其妻子的死亡有关。

民警认为医生的怀疑很有道理，便找李东阳协助调查，李东阳在看到民警的那一刻，脸色立刻变得惨白，说话也结巴起来。起初，他极力否认自己跟妻子的死有关，可最终还是没招架住民警的步步紧逼，道出了实情。李东阳坦诚自己确实与妻子的死有关，不过却不是蓄意谋杀，他原本只是想给妻子一个小小的惩罚，不想却闹出了人命，实在是无心之过。

丈夫的一个小惩罚竟然要了妻子的命，那么妻子到底做错了什么，丈夫要惩罚于她，又是怎么惩罚她的呢？

要了解其中原委，还得从两人的婚姻说起。三年前，37岁的李东阳和36岁的王娇经人介绍相识，相处几个月后，两人彼此感觉还不错，随即结了婚。李东阳和王娇原本在乡镇上经营一家小零售超市，平时两人相互帮衬，倒也不至于太辛苦。结婚两年后，两人的女儿降生，需要专人照看，自此超市的生意就全靠李东阳一个人了。因为抱着家和万事兴的想法，李东阳虽然辛苦，可心里却毫无怨言。但是妻子王娇却并不领情，丈夫整日早出晚归，一天都说不上几句话，让她觉得备受冷落，常抱怨丈夫不再关心自己了。对此李东阳很无语，难道不做生意一家人一起喝西北风才算关心吗？

一天，王娇用一部用了多年的老旧手机逗女儿时，手机被女儿摔坏了，李东阳便趁机给妻子买了一部昂贵的智能手机讨妻子欢心，可不想妻子是舒心了，李东阳却因此堵心了。

原来，智能手机有微信功能，王娇现在有的是时间，便开始玩起了微信，没多久就玩熟了，很快就积累了上百个天南海北的微信好友。妻子经常手机不离手，抱孩子时玩微信，吃饭时玩微信，走路时玩微信，就连晚上睡觉时也要躺在被窝里玩微信，已经严重到离了手机就没法活的地步。见王娇越来越痴迷于微信，以至于影响了两人的生活，李东阳开始对妻子表达不满："整天就知道玩微信，也不知道关心关心家里人。"不料妻子却反击说："你要是知道关心我，也不会整天不着家了，我一天天连个说话的人都没有，难道还不能在网上跟人聊会儿天吗？"李东阳听后觉得委屈，他何尝不想能有更多的时间陪妻子，可生活的重压，让他没有多少时间谈情说爱。李东阳对此很无奈，除了放任妻子继续玩微信，别无选择。

丈夫的放任让王娇更加肆无忌惮了，微信好友越加越多，开始还只是编辑文字聊天，后来就干脆直接跟陌生网友进行语音或视频通话了，整日里聊个不停，连照看女儿都顾不上了。一次，女儿因着凉得了重感冒，在重症监护室一连住了三天，这下李东阳彻底压不住火了，跟妻子大吵了一架，指责妻子只顾自己享乐而没有照看好孩子，妻子也自觉理亏，保证今后一定少玩微信，对孩子多上心。可等孩子病好后，王娇立马忘了自己的保证，还是照旧手机不离手，而李东阳也自此越看妻子越来气，时不时就会跟妻子发生口角，两人的关系变得越发紧张。

虽然对妻子有诸多不满，可李东阳却从没怀疑过妻子的忠贞，而随后发生的一件事却让李东阳对妻子猜疑起来。2016 年年初的一天中午，李东阳干活时衣服被刮坏了，他只好急忙跑回家去换，可刚进大门就听见从里屋传出了妻子撒娇的声音。李东阳的心"咯噔"一下，他悄悄走近里屋一看，只见妻子正拿着手机在跟人视频通话呢，对方听声音是名中年男子，正跟妻子聊得火热。李东阳之前也见过妻子跟人热聊，可这次却大不相同，因为妻子这次没有穿上衣！看到妻子竟跟别的男子裸聊，李东阳顿时火冒三丈，冲进屋夺过了妻子的手机，并警告跟妻子裸聊的男子不要再骚扰他妻子，然后将手机重重地摔在地上，手机当场就报废了。王娇见手机被毁，大声指责李东阳："你也太小题大做了，我只是视频一下，又不是来真的。"李东阳听后更怒了，明明犯了错竟还强词夺理，愤怒的他狠狠打了妻子几巴掌，妻子顿时号啕大哭起来，边哭边说这日子没法过了，还扬言要跟李东阳离婚。李东阳没心情劝妻子，又惦记着店里的生意，随即换了衣服便出去了，留下妻子一个人在家哭闹。

随后几天，两人开始了冷战，彼此都不说一句话，李东阳不想再给妻子买手机，想着趁机让妻子彻底断了微信的瘾，可没想到妻子竟自己花钱买了一部新的，不过此后她玩微信小心了许多，通常不当着丈夫的面玩。见妻子有所收敛，李东阳便主动跟妻子示好，可妻子却不领情，自此再没给李东阳一个好脸色。李东阳本以为这是妻子刚从虚拟的微信世界里走出来，难免有些心情低落，可不承想妻子对自己的冷淡却是另有缘由。

这年的"五一"假期，妻子突然提出要带女儿回娘家住两天，李东阳没多想就答应了，可不想妻子竟一去不回，连电话都关机了。李东阳不得已关了店，急忙去岳母家找，不想岳母却说王娇根本没回来过。李东阳顿时傻了眼，妻子竟玩起了失踪，这让他有些不知所措，他辛辛苦苦赚钱养家，竟换来妻子的不辞而别，他很寒心，想找回妻子问个明白。

随后几天，李东阳再无心经营超市了，他直接关了店到处寻找妻子的下落，可始终杳无音信，就在绝望的李东阳决定报警之际，妻子却自己回家了，不过妻子回来却不是要继续跟李东阳过日子的，而是为了离婚。

失踪多日的妻子突然回来提出离婚，她因何出走，又去了哪儿？如今她又是因为什么想要离婚呢？

据王娇说，她前几日跟女儿一直住在县城的一家宾馆里，同住的还有一名男子，而这名男子是王娇的前夫刘强，她之所以向李东阳提出离婚就是想跟前夫刘强复婚。李东阳听完妻子王娇的话，顿时如遭五雷轰顶，他没想到妻子不辞而别竟是为了跟前夫幽会，如今竟还恬不知耻地想要跟前夫复婚，李东阳怒吼道："你们欺人太甚！想离婚没门！"接着就对妻子一阵暴打。随后李东阳抢过妻子的手机，将妻子单独锁在了房间里。

晚上，李东阳坐在客厅一个人喝闷酒，一想到妻子背着自己出轨，他就恨不得立马跟妻子离婚，可一看到身旁熟睡的一岁的女儿，他的心就软了。其实李东阳也是二婚，前妻五年前因患乳腺癌去世，留下一个七岁的儿子，现在跟李东阳的母亲住在乡下，儿子自从丧母之后就变得沉默寡言，李东阳不希望女儿也变成一个没妈的孩子。情感和理智的考量让李东阳的内心备受煎熬，离婚还是隐忍让他一时难以抉择，而正当此时，妻子竟又失踪了。

第二天早上，李东阳打开妻子的房门，妻子早已不见了踪影，一扇窗户大开着，窗台上还留有鞋印，李东阳猜测妻子一定是半夜从窗户逃走的，而她极有可能又去找她的前夫了。李东阳气呼呼地坐在床上，最初他想既然留不住妻子的心，又何必强留她的人呢，走就走了。可当他听到女儿哭着找妈妈时，他又改变主意了，他决定还是要将妻子找回来，尽可能让她回心转意，给孩子一个完整的家。

李东阳掏出昨天没收的妻子的手机，查找到了妻子前夫刘强的电话，随即拨打了过去，不想多次拨打对方都拒接，李东阳随后通过多方打听，知道了刘强的老家地址。他怕自己一个人去吃亏，便带着两个要好的兄弟动身前往。初次见到刘强，李东阳大吃一惊，刘强竟是跟妻子裸聊的那名男子！李东阳在刘强家中找到了妻子王娇，她正跟一个小男孩玩得开心，而这个小男孩正是王娇之前跟前夫刘强所生。看着妻子跟前夫的孩子玩得不亦乐乎，却狠心抛下自己的女儿不管不顾，李东阳气得直咬牙，二话不说拉着妻子就往外走，妻子难以挣脱，刘强想阻拦却被李东阳的两个兄弟控制住了，就这样李东阳强行将妻子王娇带回了家。为防妻子再次逃跑，李东阳又将妻子关在了房间里，还在卧室的窗户上安装了防盗窗，这还不算，李东阳又将母亲和儿子接来同住，帮忙监视妻子。

李东阳想着，妻子没了手机，又不能外出，过些日子自然也就能把心收回来了，到时再放她出来。

这期间李东阳再没打骂过妻子，他不但向妻子保证不再追究妻子跟前夫的事，还一再劝说妻子看在女儿的分儿上回心转意，另外，他也尽可能地多抽时间陪妻子，对妻子也更加温柔体贴。两个月后妻子王娇向李东阳表示，她已经不想和前夫复婚了，今后打算一心一意跟丈夫过日子。李东阳见妻子说得诚恳，就信以为真，当即就还了妻子自由，另外，他又给妻子买了一部手机，只是不是智能的，不能玩微信。不久，李东阳又把母亲送回了老家。此后两人的日子表面看起来非常平静。

这天，李东阳回农村老家帮母亲在玉米地里喷洒除草的农药，回到家后正值中午，因担心打扰到女儿午睡，他蹑手蹑脚地进了屋，可刚到屋门口就愣住了，妻子正背对房门跟人通电话，对方声音很耳熟，正是刘强的声音，两人的通话很暧昧，不过在李东阳听来却很刺耳。原来妻子的悔过是假的，李东阳极力控制住了冲上前打骂妻子一顿的冲动，之前已经证明打骂根本解决不了问题。

李东阳悄悄地退出屋子，心有不甘的他想着该怎样才能有效地惩罚妻子，就在这时他看到了地上水盆里，浸泡着的一件妻子的内裤，并想到了自己刚带回来用剩下的半瓶农药。

李东阳想到了一种隐蔽的惩罚妻子的方式，他曾听说得了性病的人下体会瘙痒刺痛，而根据他务农的经验，农药沾在肌肤上也会有这些反应，他想着要是妻子误认为自己得了性病，或许就不会再跟她的前夫刘强私会了。于是李东阳将少许农药倒进水盆，又将妻子的内裤在农药水里揉搓了一会儿，之后将其拧干晾在了衣架上，做完这些后，他装作若无其事，静待妻子的反应。

第二天妻子换上了那条被浸了农药的内裤，当晚下体就红肿起来，瘙痒难忍，妻子以为是妇科炎症，让李东阳带她去医院看看，李东阳此时心里正窃喜，拒绝带妻子去看病，还说一定是妻子在外面和别的男人胡来染了病。妻子听后信以为真，不再好意思去医院。后来李东阳见妻子实在难受，有些于心不忍，可想到妻子的背叛，他就非常怨恨。第三天妻子下体出现了轻微溃烂，还出现了腹痛症状，这下李东阳有些紧张了，他没想到后果会这么严重，生怕妻子的症状再加重，可因为担心医院会查出他给妻子下毒的事来，不敢将妻子送医，于是他赶紧跑到药店给妻子买了些治疗妇科炎症的药物，并建议妻子勤换内裤，将所有的内裤都用开水消毒。妻子照做了，可症状并没有减轻。事情发生六天后，妻子捂着肚子在床上直打滚，额头上大汗直流。见妻子这般难受，李东阳彻底慌了，想着要是再不将妻子送医院，妻子就可能没命了，此时救妻心切的他顾不了太多，赶忙将妻子送到了县医院紧急救治。

紧接着，李东阳就遭遇了一个来自医生的棘手问题，医生需要了解王娇的病因，以便对症下药，可这个病因要不要说，让李东阳很为难。李东阳顾虑重重，想着如果妻子的病治好了，得知自己竟毒害她，必然要离婚，而一旦妻子因此丧了命，那么自己就要因杀人蹲大牢，到时自己的老母亲和两个孩子该靠谁养呢？正是本着这种考虑，李东阳一直没有对医生言明妻子的病因，他先是对医生声称妻子一直有妇科炎症，怀疑是炎症加重，结果医生在按炎症给王娇治疗后，病情非但没好转，还表现出了腹泻、胸闷等中毒症状。看着妻子在病床上备受煎熬，生命垂危，李东阳的心里既难受又恐惧，他不忍见妻子继续遭罪，他也曾想过即便妻子病好后跟自己离婚，也应该向医生说出病因，不能让妻子丢了性命，可他却很担心万一自己道出了病因，妻子的病却治不好怎么办？他不想下辈子待在监狱里，也不忍老母亲和两个孩子未来无依无靠，这让他极度恐惧，也正因为如此，当医生再次询问他王娇的病因时，李东阳矢口否认王娇发病前曾接触过有毒物质，见医生仍然很怀疑，李东阳便想到了食物中毒一说，医生认为食物中毒与王娇当时的症状有些相符，便又按食物中毒给王娇进行了治疗，可还是无济于事，王娇最终因医治无效丢了性命。

妻子死后，李东阳害怕有人知道妻子的死亡真相，他想着赶紧处理掉妻子的尸体，以防节外生枝，可不想正因为李东阳表现得太过心急，这才引起了医生的怀疑。

紧接着便发生了本案开头的一幕，医院的医生拨打了报警电话，民警随即对李东阳进行了讯问，李东阳禁不住审问，很快就交代了实情，自此真相大白。

李东阳此时悔恨不已，他本以为沾了农药的内裤只会让妻子难受几天罢了，没想到竟会如此致命，要是早知如此，他绝不会这么干的。之后警方跟随李东阳来到家中，找到了王娇的那条带毒内裤和剩余的农药。随后，警方进行了尸检，确认王娇是因中毒导致内脏衰竭而死亡。

随后民警又找来王娇的前夫刘强了解情况。据刘强说，当初他跟前妻王娇因为聚少离多，离了婚，之后两人再没联系过。2016年年初，王娇主动添加刘强为微信好友，频繁在微信上互动，很快让两人找回了昔日恋爱时的感觉，后来两人决定复婚，却遭到李东阳拒绝。不过王娇没死心，一直让刘强耐心等她跟李东阳离婚，说到这儿，刘强哭着说，前几天两人还相谈甚欢，不想这么快就阴阳两隔了。

很快，检察院就以李东阳涉嫌故意伤害罪向法院提起了公诉。

法庭上，被告人李东阳对自己实施的犯罪行为供认不讳，但他辩称自己在发现妻子病重后便将其送医治疗，其行为属于刑法所鼓励的犯罪中止，应当作为免除或者减轻处罚的根据。本案中确实是被告人李东阳将妻子王娇送医院抢救的，那么他的行为是否构成犯罪中止呢？

### 律师说法：犯罪中止>>>

在犯罪过程中，自动放弃犯罪或者自动有效防止犯罪结果发生的，是犯罪中止。犯罪中止存在两种情况：一是在犯罪预备阶段或者在实行行为还没有实行终了的情况下，自动放弃犯罪；二是在实行行为实行终了的情况下，自动有效地防止犯罪结果的发生。

本案中，李东阳在妻子内裤上洒上农药后，妻子王娇随后身体出现不适，见妻子病情加重后，李东阳将其送到医院治疗，但并未向医生如实告知妻子的病因，致使妻子未得到有针对性的及时抢救，最终导致妻子王娇死亡。通过以上分析，李东阳虽然停止实施了犯罪，并且将妻子送医院救治，但并没有有效地避免危害结果，据此可以认定，李东阳的行为不能认定为犯罪中止。

**法条链接>>>**

●《中华人民共和国刑法》

第二十四条　在犯罪过程中，自动放弃犯罪或者自动有效地防止犯罪结果发生的，是犯罪中止。

对于中止犯，没有造成损害的，应当免除处罚；造成损害的，应当减轻处罚。

第二百三十四条　故意伤害他人身体的，处三年以下有期徒刑、拘役或者管制。

犯前款罪，致人重伤的，处三年以上十年以下有期徒刑；致人死亡或者以特别残忍手段致人重伤造成严重残疾的，处十年以上有期徒刑、无期徒刑或者死刑。本法另有规定的，依照规定。

最终，法院经审理认为，李东阳因家庭矛盾而伤害被害人身体健康，致人死亡，其行为已构成故意伤害罪，鉴于李东阳的认罪、悔罪态度较好，案发后李东阳母亲也卖掉房子积极赔偿了被害人王娇的家人并取得了谅解，且被害人在事发起因上也具有一定的责任等情节，法院判处李东阳有期徒刑12年。

接到判决，李东阳泪如雨下，没想到一时气愤之举竟酿成了惨剧，他觉得对不起死去的妻子，也对不起两个年幼的孩子和年迈体弱的老母亲，他可以在监狱熬过12年，可母亲和孩子又该如何度过接下来的这12年呢？一想到这儿，他就觉得钻心的痛。

刘强对前妻的死也很后悔，既然已经离婚了就不该再插足前妻和李东阳的婚姻，结果复婚不成反而让前妻丧了命。

维护婚姻就如行车，什么路况都可能出现，必要时要换挡，紧急时还需要刹车，倘若不管路况任性驾驶，结果很可能就是车毁人亡。对于婚姻出问题的两个人来说，应先了解状况，再冷静处理，倘若任性胡来，暴力强制，或者下毒陷害，都只会让婚姻变得越发糟糕，直至解体。

莫名死亡的妻子

# 丈夫的秘密

**关键词**　诉讼时效　夫妻共同财产的范围和处置

2013 年清明节的这天上午，李雪梅从省城坐车长途跋涉来到了丈夫在农村的老家，为已故的婆婆扫墓。婆婆去世后，李雪梅这是第一次来扫墓，摆好祭品后，她回想起婆婆在世时待她如亲生女儿一般，就止不住地流眼泪。就在李雪梅伤心难过时，她却突然止住了哭声，眉头紧锁，眼睛直勾勾地盯着婆婆的墓碑，陷入了沉思。

李雪梅这是怎么了？婆婆的墓碑有什么好看的？

原来，李雪梅哭着哭着，突然发现婆婆墓碑的最下面刻着这样一行字：儿媳：唐莎莎。李雪梅的第一反应是这座坟墓不是婆婆的，于是她揉了揉眼睛又把墓碑从上到下，仔仔细细地看了一遍，墓碑正中间的确是婆婆的名字，墓碑下面也有丈夫吴世仁的名字，坟墓是婆婆的应该没错！丈夫吴世仁是家里的独子，李雪梅是婆婆唯一的儿媳，可墓碑上却找不见她的名字，反而出现了一个叫唐莎莎的儿媳，这是怎么回事呢？

李雪梅百思不得其解，立马掏出手机拨通了丈夫吴世仁的电话，将墓碑的事告诉了他。吴世仁听后忙安慰妻子说："大概是刻碑的人刻错字了吧，你先别着急，我马上赶过去处理这事。"

放下电话后，李雪梅对丈夫有些埋怨，丈夫实在太粗心了，墓碑上刻错了字竟然早没发现。祭拜完婆婆后，李雪梅便离开了墓地，由于墓地距李雪梅省城的家有几百公里远，李雪梅索性就在当地找了家小旅馆住了下来，并将旅馆的地址告诉了丈夫吴世仁。

晚上九点，吴世仁赶到旅馆。见到丈夫后，李雪梅又把婆婆墓碑的事说了一遍，吴世仁疑惑地说："按说刻墓碑这么郑重的事不会出错，你该不会找错了墓地或看错了吧？"李雪梅说："我看了好多遍，墓地是婆婆的没错，可墓碑上的儿媳的确不是我的名字。"吴世仁还是有些不相信，最后李雪梅决定第二天陪同丈夫再去墓地看个究竟。

　　当晚李雪梅躺在床上想了很多有关已故婆婆的事。婆婆是一位纯朴、善良又苦命的农村妇女，丈夫吴世仁刚出生不久，公公就在一场车祸中不幸去世。婆婆一直没改嫁，一个人含辛茹苦地将吴世仁抚养成人。好在吴世仁非常争气，不但以优异的成绩考上了大学，毕业后事业也蒸蒸日上。吴世仁孝顺，结婚后便将婆婆接到城里一起生活。婆婆将儿媳李雪梅当成亲生女儿一样疼爱，在李雪梅怀孕期间把她照顾得无微不至，主动承揽了所有家务，等李雪梅生完孩子后，婆婆又主动帮着照看孩子。可好景不长，去年婆婆被查出胃癌晚期，几个月后就去世了。李雪梅至今还清楚地记得，婆婆去世前千叮咛万嘱咐，要丈夫吴世仁照顾好她和孩子，想到婆婆对她的好，李雪梅再一次泪流满面。

　　这个夜晚对李雪梅来说格外漫长，她想不明白，婆婆的墓碑是因何出了错，难道真是刻碑的人无意为之？抑或者是有人有意为之？李雪梅带着这些疑问熬到了天亮。

　　吃过早饭，李雪梅就迫不及待地拉着丈夫吴世仁赶往墓地，到墓地后，吴世仁一看墓碑，上面果然刻着"儿媳：唐莎莎"，他立即痛骂刻墓碑的人太不负责任，并对李雪梅保证说："你放心，我一定找刻墓碑的人算账，让他们尽快再重新刻一块。"李雪梅见丈夫这般生气，想必丈夫之前确实没有发现这个错误，既然是刻碑的人无心犯了错，改过来就是了，也算不上什么难事。可接下来让李雪梅想不到的是，想要改正这个墓碑上的错误竟然真成了难事。

　　此后，吴世仁对墓碑的事绝口不提，每当李雪梅问起，他不是说自己工作忙，就是说刻墓碑的人工作忙，一再让李雪梅耐心等待。转眼几个月过去了，改墓碑的事没有任何进展，而当李雪梅再次问起墓碑的事时，吴世仁显得有些不耐烦了，他甚至说墓碑就是一直不改也改变不了李雪梅是他妻子的事实，没必要急于一时。

丈夫的态度让李雪梅捉摸不透，她心里犯起了嘀咕。想当初婆婆去世时，李雪梅因伤心过度住进了医院，是丈夫吴世仁独自回农村老家安葬的婆婆，难道丈夫当时就真的没有发现墓碑上的名字刻错了？而此后，她曾几次提出要去墓地祭拜婆婆，丈夫都以工作忙或路途遥远为借口阻止她前去。上次去墓地祭拜婆婆之所以成行纯属巧合，因为正值清明，而丈夫吴世仁又出差去了外地，李雪梅想起婆婆生前对她的诸多关照，而她却在婆婆去世后一次都没去墓地看望过婆婆，她觉得很愧疚，这才不顾丈夫的劝说，于清明节当天赶到了婆婆的墓地，发现了墓碑上的错误。

婆婆的墓碑上单单错了李雪梅的名字，而丈夫却迟迟不愿意更正，莫非这墓碑还有什么不可告人的秘密不成？

李雪梅疑窦丛生，她决定暗中调查一下这个她一直以来最信任、最依赖的人。而在调查丈夫之前，她最想弄清楚的就是这个"唐莎莎"，到底有无其人呢？如果有，又会是谁呢？她跟丈夫吴世仁又是什么关系呢？为什么她的名字会顶替自己出现在了婆婆的墓碑上？

一经调查，残酷的真相便给了李雪梅当头一棒，原来，这个"唐莎莎"不但是活生生的一个女人，而且还跟吴世仁的关系非同一般，早在一年前两人就是情人关系了。

面对这一切，李雪梅感到很伤心，她与丈夫吴世仁在一起生活了十年，为了能够更好地支持丈夫的事业，她放弃了自己原本热爱的工作来辅佐丈夫，经过夫妻二人多年的努力，他们的建筑公司逐渐有了一定的规模，发展蒸蒸日上。打拼事业之余，李雪梅把家里也打理得井井有条，从未让丈夫为家里的事分过心，一家人过得其乐融融。李雪梅无论如何也没想到丈夫居然会背叛她，她在知晓了一切后，强压住内心的怒火，准备与丈夫好好谈一谈。

面对妻子李雪梅的质问，吴世仁知道一切都已经无法隐瞒，只好向妻子坦白了一切。原来，一年前吴世仁的公司突出重围，中标了一个市里的重点工程，唐莎莎就是那个招标项目的负责人，正是有了她的相助，吴世仁才顺利拿下了项目。唐莎莎不仅年轻貌美还非常有能力，面对事业有成的吴世仁，她表现得非常热情主动。此时的吴世仁虽然家有贤妻，但是总感觉生活缺少了些激情，简直平淡得有些乏味，而唐莎莎的出现，正好点燃了吴世仁心中那团激情的火。很快两人就突破了道德底线，成了秘密情人。

听着丈夫的讲述，李雪梅的心都快要碎了，可让她想不通的是，丈夫与唐莎莎既然是情人关系，本应偷偷摸摸，可丈夫却为何要堂而皇之地将唐莎莎的名字刻在婆婆的墓碑上呢？是丈夫决心要和自己离婚为娶唐莎莎做准备吗？

其实，去年吴世仁承接的那个重点工程结束的时候，吴世仁和唐莎莎两人的关系已经到了如胶似漆的程度。唐莎莎曾多次提出要吴世仁跟妻子离婚，然后娶她，给她一个名分。可吴世仁虽然很喜欢唐莎莎，但他与妻子李雪梅毕竟还有着很深的感情，不但不忍心也不想背负抛弃妻子的骂名，更不想给孩子造成伤害，他只想继续沉醉在"家里红旗不倒，外面彩旗飘飘"的境界中。因此每当唐莎莎要求吴世仁离婚娶她的时候，吴世仁都找各种理由搪塞唐莎莎，比如孩子小，老妈病重不能受刺激等。可性情刚烈的唐莎莎就是不依不饶，甚至声称要将两人的事告诉吴世仁的妻子李雪梅，以此来威胁吴世仁。

那段时间，吴世仁感觉真的快要招架不住了，然而母亲的去世却给吴世仁带来了契机。就在吴世仁准备为母亲刻墓碑之时，他又接到了唐莎莎打来的逼婚电话，这时他头脑一热便做出了一个鲁莽的决定，那就是在母亲的墓碑上给唐莎莎一个儿媳的名分。吴世仁认为母亲安葬在农村老家，只要他不带妻子李雪梅去祭拜，妻子是不会单独去的，自然不会发现墓碑上的错误，而这样一来就可以暂时安抚住唐莎莎了。吴世仁很为自己的聪明感到沾沾自喜，而这个举动也确实起到了一定作用，虽然只是把自己的名字刻在了墓碑上，但唐莎莎觉得这起码能说明吴世仁已经有了要娶她的想法。

不想在吴世仁看来天衣无缝的计策最终还是被妻子李雪梅撞破了，而且还来得这么快，这么突然。得知真相的李雪梅既委屈又心寒，婆婆的离世本来就让她承受了失去亲人的巨大悲痛，如今丈夫的背叛又给了她重重一击。李雪梅虽然伤心，但她向来非常理性，冷静下来之后，她想，一日夫妻百日恩，她与丈夫吴世仁已经在一起生活了十年，感情极深，一朝分离她难以割舍，而且两人的儿子年龄还小，多年来，一家三口也算幸福美满。最终，李雪梅决定念在丈夫是一时冲动的分儿上原谅丈夫这一次，但要丈夫保证，必须尽快与唐莎莎断了来往。

可很多事情终究是事与愿违。唐莎莎在得知李雪梅已经知道了她与吴世仁的事情后便更加肆无忌惮，她索性三番五次地来找李雪梅，逼着她与吴世仁离婚。李雪梅难以容忍唐莎莎的一再骚扰，也担心会对儿子造成不良影响，再加上吴世仁一直左右摇摆的态度，她痛下决心向丈夫提出了离婚。吴世仁也曾试图请求李雪梅的原谅，让李雪梅再多给他些时间处理唐莎莎的事，但他见妻子李雪梅去意已决，也就同意了离婚。李雪梅随后带着儿子一起生活，吴世仁鉴于对李雪梅和儿子的歉疚，在分割财产时，他主动多给了李雪梅50万元。

经历婚姻挫折的李雪梅有段时间很消沉，但她很快就振作起来了。李雪梅本身拥有自立自强又乐观向上的个性，离婚几个月后，她就凭借自己的能力找到了一份不错的工作，兼顾工作的同时她还悉心照料着儿子，如今的她已经能够从容面对之后的生活了。

然而，就在李雪梅准备彻底地跟过去的伤痛告别时，一个突如其来的电话却让她好不容易平静下来的生活再次掀起了波澜，甚至又将她拖回到过去痛苦的深渊当中。

那么，这究竟是怎样的一个电话，竟会对李雪梅产生这么大的影响，让她的内心有这么大的触动呢？

电话是一个陌生女人打来的，在电话里，陌生女人用嘲讽的语气对李雪梅说道："你被你的前夫吴世仁骗了，在你们离婚之前，他背着你给情人唐莎莎购买了一辆价值近百万的豪车，这可是用你们夫妻的共同财产购买的！"

前夫、吴世仁、唐莎莎、百万豪车，这些字眼登时占据了李雪梅的大脑，她忽然有那么一点愤怒，可她转念一想，给她打电话的陌生女人又是谁呢？为什么要告诉她这件事？李雪梅心中充满了疑惑，她压住内心的复杂情绪，尽可能用平静的语气问对方道："你是谁？我凭什么相信你说的话？"面对李雪梅的质疑，电话里的陌生女人没有正面回应，只说她是谁并不重要，但她能保证所说的话千真万确。说完，陌生女子很干脆地挂断了电话。

这个突如其来的电话让李雪梅再也无法平静地处理工作，于是她马上向单位请了假，开始调查这件事情。很快，李雪梅就得知唐莎莎的确开着一辆价格不菲的豪车，并且这辆车是在两年前买的，而那时李雪梅与吴世仁还没有离婚。想到吴世仁竟然瞒着自己为情人买价值百万的豪车，李雪梅再次感受到了被欺骗后的屈辱。此时，李雪梅又突然想到了那个给自己打电话的神秘女人，这个女人究竟是谁呢？她给自己通风报信的目的究竟何在？

为了彻底弄清事情的原委，李雪梅通过自己的各种关系，开始寻找这个神秘女人，不过接下来的调查结果却让她更加气愤不已。原来，打电话的女人名叫小红，这个小红并不是什么活雷锋，而是唐莎莎现在的情敌，也就是说，小红是自己前夫吴世仁的新欢。

李雪梅想，自己跟吴世仁已经离婚，跟小红并无利益冲突，她干嘛还要打扰自己呢？再有，小红把这些对吴世仁不利的消息告诉自己，对她究竟有何好处呢？

原来，在吴世仁与李雪梅离婚后，唐莎莎觉得嫁给吴世仁的愿望马上就要实现了，便对吴世仁展开了逼婚攻势。但当时妻离子散的吴世仁没心情即刻再婚，而他对唐莎莎也越发没了耐心，加之生意上的不如意，他的心情也越来越烦躁，对唐莎莎渐渐有了一些厌倦。而恰在这时，新招聘的秘书小红适时对吴世仁嘘寒问暖，吴世仁仿佛找到了新的感情寄托，很快两人就走到了一起。然而天下没有不透风的墙，这事很快就传到了唐莎莎的耳朵里。眼看自己嫁给吴世仁的美梦即将破灭，为了抢回她的胜利果实，唐莎莎找到小红，并向其炫耀道："我的车100多万，那可是吴世仁给我买的！他如果真的爱你，为什么没有给你也买一辆？既然没买，就说明他根本不爱你！"

唐莎莎的嚣张气焰让小红气不打一处来，可是面对近段时间压力巨大的吴世仁，小红也不敢张口要什么豪车来与唐莎莎抗衡，可怎么才能打击唐莎莎的嚣张气焰呢？这时，她突然想到了吴世仁的前妻李雪梅。小红心想，吴世仁给唐莎莎买豪车时，他跟李雪梅还没离婚，用的是两人的夫妻共同财产，也就是说唐莎莎的这辆豪车，李雪梅也出了一半的钱，倘若李雪梅知晓此事，定然会向唐莎莎索要这笔钱，到时就有好戏看了。有了这样的想法，小红便从吴世仁的手机里找出了李雪梅的电话号码，然后将吴世仁为唐莎莎买豪车的事通过电话告诉了李雪梅。

本不想再与吴世仁的事情有所牵连，但李雪梅心里还是免不了又惊又气，惊的是丈夫离婚前竟然瞒天过海，背着自己金屋藏娇，还挥金如土，气的是曾陪伴自己多年的丈夫面对诱惑竟然一再犯错。李雪梅觉得，既然当初吴世仁背着她动用大额的共同财产，不顾她和孩子日后的生活，那么现在她有权利把属于自己的东西拿回来。于是，在咨询了律师之后，李雪梅一纸诉状将前夫吴世仁和唐莎莎告上了法庭。

在法庭上，李雪梅陈述道，虽然她与吴世仁已经离婚，但吴世仁当时是用他们夫妻的共同财产为唐莎莎购买的豪车，吴世仁未经她同意而擅自处分大额共同财产是不当行为，因此她请求法院确认吴世仁的赠与行为无效。听了李雪梅的请求，唐莎莎辩称，虽然车是吴世仁花钱给她买的，但时间已经过去很久，法院不应再受理。那么唐莎莎的说法是否有法律依据呢？

**律师说法：诉讼时效>>>**

诉讼时效就是指民事权利受到侵害的权利人在法定的时效期间内不行使权利，当时效期间届满时，人民法院对权利人的权利不再进行保护。简单地说，诉讼时效就是指当事人在合法权益受到损害后，应该在一定的期限内向法院起诉，如果超过这个期限起诉，法院虽然可以受理，但法院在审查后，如果不存在时效中止或中断情形的，法院会驳回诉讼请求，也就说这个诉讼就不能得到法院的支持。

**法条链接>>>**

● 《中华人民共和国民法总则》

第一百八十八条　向人民法院请求保护民事权利的诉讼时效期间为三年。法律另有规定的，依照其规定。

诉讼时效期间自权利人知道或者应当知道权利受到损害以及义务人之日起计算。法律另有规定的，依照其规定。但是自权利受到损害之日起超过二十年的，人民法院不予保护；有特殊情况的，人民法院可以根据权利人的申请决定延长。

**律师说法：诉讼时效>>>**

本案中，吴世仁动用夫妻共同财产给情人买豪车的事已经过了两年多，那么这是否就意味着李雪梅已经丧失了追回购车款的权利？

这个答案是否定的，因为诉讼时效是从当事人知道或者应当知道权利被侵害时起计算。本案中，李雪梅一直不知道当时吴世仁用夫妻共同财产为唐莎莎购买豪车，后来是从小红那里才知道了这件事，而李雪梅在知情后，立即就向法院提起了诉讼请求，所以李雪梅的主张并没有超过诉讼时效。再有，李雪梅的主张是确认吴世仁的赠与行为无效，按我国法律规定，李雪梅任何时候都可以主张行为无效，没有时间限制。

**法条链接>>>**

● 《中华人民共和国婚姻法》

第十七条　夫妻在婚姻关系存续期间所得的下列财产，归夫妻共同所有：

（一）工资、奖金；

（二）生产、经营的收益；

（三）知识产权的收益；

（四）继承或赠与所得的财产，但本法第十八条第三项规定的除外；

（五）其他应当归共同所有的财产。

夫妻对共同所有的财产，有平等的处理权。

　　法院经过审理认为，吴世仁擅自处分夫妻共有财产的行为，侵犯了前妻李雪梅的财产权，赠与合同关系无效。最终，法院判令吴世仁的情人唐莎莎返还车款近90万元。另外，法院也根据相关规定，对返还的车款进行了分割，李雪梅最终拿到了属于自己的财产。

　　李雪梅虽然赢了官司，但却输了心情，她本想早日远离前夫的阴影，不承想又被迫再次卷入了这场是非。今后，她只想平静地守着儿子过日子，再不想回首过往的那段让她心碎的婚姻了。

　　而官司结束后，吴世仁却陷入了四面楚歌，他的第一个情人唐莎莎不甘心人财两空，天天纠缠着要他补偿；另一个情人小红同样找他大哭大闹，逼着他给自己买车买房。墓碑风波让吴世仁吃尽了苦头，当吴世仁回想过去这几年，他左拥右抱表面上看似风光，可到头来却落了个妻离子散，事业无成。当吴世仁想到自己原本拥有一个幸福的家，却被自己亲手毁掉了，他觉得愧对前妻李雪梅，更愧对他们的儿子。吴世仁决定要做件重要的事，那就是重新给母亲做块墓碑，并在墓碑上清楚地刻上：儿媳：李雪梅。墓碑刻好后，吴世仁用手机拍了张照片发给了前妻李雪梅，他的用意很清楚，他希望跟前妻复婚。吴世仁的这个愿望最终能否实现，我们不得而知，但有一点可以肯定，他的这条复婚之路将会很漫长，也需要他做出很大的努力。

幸福的家庭是事业成功的保障，是人在危难时刻停靠的港湾，人要懂得珍惜眼前的幸福，珍视身边的人。本案中的吴世仁，原本拥有一个幸福美满的家庭，却因为一时经不起诱惑而毁于一旦。家有贤妻、爱子，平淡且充实，这才是寻常百姓家真正的幸福生活。激情总会退去，再炽烈的情感也难以燃烧一辈子，生活的真谛就是：平平淡淡才是真！

# 是谁逼死了他

**关键词**　对夫妻共同财产的敲诈勒索　职务侵占罪

2016 年 5 月的一天下午，在娘家住了一周的张慧芳回到了自己家，可刚进家门她就闻到了一股刺鼻的煤气味，她赶紧开窗透气，接着跑去厨房，不想却大吃一惊，煤气罐不见了！那煤气味从哪来的呢？张慧芳赶忙挨个房间寻找，当走到书房门口时，煤气味变得越来越重，呛得她咳嗽不止，她赶紧推开门，发现煤气罐在书房里，煤气阀还开着，丈夫马刚一动不动地趴在书桌上，已然浑身冰冷，没了呼吸。张慧芳吓得立即跑出了书房，她心跳得厉害，身体也不住地哆嗦，她没想到一周没见丈夫，再见竟然阴阳两隔了。

稍微平复了一会儿后，张慧芳拨打了"110"报警，因为她相信一向坚强的丈夫不会无缘无故地自杀。

随后民警赶到，张慧芳悲痛地对民警说："我最后一次见到丈夫是在一周前，当时丈夫马刚正跟一个名叫宋佳的女人在一起，我想丈夫的死一定跟宋佳有关，请你们警方一定要将宋佳绳之以法，为我丈夫申冤。"警方随即着手联系宋佳，不想却怎么也联系不上她，手机关机，连家人都说最近没见过她。宋佳的失踪不免让警方生疑，警方随即对她进行了深入调查，调查的结果让人意外，宋佳不但是马刚生前的情人，还是马刚所开公司的财务经理，就在三天前，宋佳利用职务之便将公司账上的 10 万元转到了自己账上，之后便再没露过面。警方据此认定马刚的死亡极有可能跟宋佳的携款逃跑有关，于是开始对宋佳进行查找，很快警方就在外地的一家酒店将其抓获。

得知马刚的死讯，宋佳显得很惊讶，她承认自己跟死者马刚曾是情人关系，两人相识于 2014 年年底的一次工作晚宴上，当时宋佳是合作公司的会计，时年 25 岁。两人很谈得来，就互留了联系方式，宋佳知道马刚当时所在的公司很不错，便想让马刚也把自己介绍进去，为此她不惜多次约马刚出来，还主动以身相许。马刚对宋佳的投怀送抱并没有拒绝，于是两人便成了地下情人。马刚很为宋佳着迷，经常以加班为名跟她幽会，有时还会住在宋佳那。后来马刚自己开了家公司，便聘请宋佳担任财务经理，宋佳爽快地答应了。因为她看好马刚个人的能力和公司的前途，宋佳越来越不甘心再做"小三"，她极力劝说马刚跟妻子离婚，然后跟自己结婚，马刚对此很犹豫，一再说妻子很贤惠，既孝敬父母，又疼爱儿子，还体贴自己，他不忍心抛弃妻子。

马刚的态度让宋佳很失望，她能感觉到马刚给不了她名分，于是她转而打起了马刚钱的主意，向马刚索要高工资，还让马刚给自己买高档衣物，甚至转走了马刚公司账上的钱。

就在前不久，马刚的公司承接了一个大型活动的策划，不想中间出了差错，举办方很不满意，拒绝付款，公司因此损失了近 20 万元。宋佳通过这件事，认为再继续跟着马刚不会有前途，于是决定离开马刚，而为了临走前多捞点钱，她利用职务之便从公司账上转走了 10 万元，办完这些后，为了不让马刚找到自己，便更换了手机号，搬了家。

宋佳向警方坦言她的行为的确会伤害到马刚，但却不足以将马刚逼死，因为公司账上还有近 10 万元，是可以维持公司运营的。而据宋佳交代，马刚生前曾多次说过，他被一个神秘人以信件的方式一再敲诈，敲诈的内容足以毁掉他所拥有的一切，为此他很郁闷，或许是敲诈他的人逼死了他。

那么，宋佳的话是否属实？如果是真的，又是谁在敲诈马刚？而马刚的死亡是否跟被敲诈有关呢？

鉴于宋佳侵占公司财产的行为已经涉嫌职务侵占罪，警方随即将宋佳拘留。随后警方又搜查了死者马刚的办公室，并找到了宋佳所说的敲诈信件，竟有十多封之多，最近的一封是死者自杀前一天寄出的，敲诈金额竟高达20万元。这些敲诈信均没有署名，不过警方发现，除最后一封信外，其他信件都是从死者家附近的一个邮局寄出的。于是警方根据信件的寄出时间，调取了该邮局当时的监控视频，结果警方又有了一个惊人的发现，在所有的时间段里，视频里竟然都出现了死者妻子张慧芳的身影。是巧合，还是阴谋？警方大为疑惑，随即询问张慧芳频繁出现在邮局的原因，张慧芳听后显得极为惊慌，忙说是给一个朋友寄信，可当警方询问朋友是谁时，张慧芳竟沉默了。警方凭直觉认为敲诈信极有可能出自张慧芳之手，于是将张慧芳的笔迹和敲诈信的笔迹拿去做鉴定，结果证实两个笔迹出自同一人，均为张慧芳。面对铁证，张慧芳承认了敲诈丈夫的事实。

张慧芳为何要敲诈丈夫马刚？她敲诈了十几次怎么没被丈夫发现？张慧芳丈夫的死亡真的是她敲诈所致吗？

案件还得从头说起，8年前25岁的张慧芳经人介绍与马刚相识相恋，并于一年后结婚，不久后还有了一个儿子。做了母亲后，张慧芳就在丈夫马刚的劝说下做起了全职太太。因为马刚是一家大型广告公司的策划经理，收入不错，所以张慧芳不工作并不影响家庭的生活水平。其后，一家三口过得其乐融融，张慧芳全心在家照顾儿子，而丈夫马刚则独自在外打拼。天长日久，张慧芳对儿子越来越上心，对丈夫却越来越不关注，整日围着儿子转。直到一年前，她才又将心思重点放到了丈夫身上，可这时她却发现丈夫变了。

2015年2月的一天，是张慧芳和马刚结婚七周年的纪念日，此前马刚从未忘记过这个日子，每逢这个日子都会订一束鲜花送给妻子，还会带着妻儿一道外出吃烛光晚餐，可今天，别说鲜花和烛光晚餐，甚至一整天连句问候都没有。当晚，张慧芳辗转难眠，她不知道这是丈夫的一时健忘，还是他们的婚姻到了"七年之痒"，想到这儿，她不免担心起来。此后，张慧芳对丈夫的举动开始越来越关注，而丈夫似乎并没有觉察到这点，反而加班的时候更多了，有时甚至夜不归宿，这引起了张慧芳的警觉。一次在丈夫打电话说当晚要通宵加班后，张慧芳晚上偷偷到了丈夫所在的公司，大门紧锁，一片漆黑。张慧芳这才意识到最近丈夫一直在骗自己，而她能想到的第一个理由就是丈夫有了外遇。

张慧芳想直接问丈夫，可她清楚这种事男人多半不会承认，而她又想知道实情，因为她想确认丈夫还值不值得信任和托付。于是，张慧芳通过一家网站联系到了本地一个所谓的私家侦探，对方在收到张慧芳预付的 2000 元报酬后，便开始了对其丈夫马刚的暗中跟踪调查，并拍摄了一些照片，这些材料很快就到了张慧芳的手上。

张慧芳调查丈夫本是为了求个心安，不想却事与愿违，因为调查资料显示她的丈夫真的有了外遇。

看到丈夫跟另一个女人勾肩搭背逛街的亲密照片出现在自己面前，张慧芳崩溃了，她的第一反应是给丈夫打电话，然后歇斯底里地臭骂丈夫一顿。可当她拿起手机时却改了主意，她意识到这样做极有可能会毁了她的婚姻，而她此刻还是爱丈夫的，更为重要的是她不忍儿子没有父亲。

不能痛骂丈夫，那么该怎么赶走这个插足他们家庭的女人呢？找这个女人理论？不行，这跟直接向丈夫摊牌没什么两样，那该如何是好呢？思来想去张慧芳终于想到了一个好主意，那就是将丈夫的钱全都拿过来，万一离婚了她也不吃亏。张慧芳不是个善于理财的人，因此之前从未要过丈夫的工资卡，家里的储蓄也都在丈夫名下，张慧芳若需要用钱时，只要向丈夫张口就行了，以前这给张慧芳省了很多麻烦，不过也让她现在变得很被动。

很快，张慧芳就向丈夫提出了要代丈夫保管工资卡的提议，丈夫先是很惊讶，随即便拒绝了，说自己在外面经常有应酬，花钱的地方太多，没有工资卡在身边会很不方便。张慧芳听后生气地说："很多家庭都是妻子保管财物，为什么我就不能？"丈夫笑着说："那是因为别的女人善于理财。"丈夫的话像根刺扎进了张慧芳的心里，因为张慧芳从私家侦探那了解到，跟丈夫好的那个女人名叫宋佳，是干财务的，所以丈夫的话在张慧芳听来，大意就是宋佳要比自己强，至少会理财。

张慧芳觉得自己受到了极大的侮辱，她发誓要将丈夫的钱包攥到自己手里，既然明着要不来，那就通过敲诈暗地里要好了。

接下来张慧芳就开始有步骤地对丈夫实施敲诈，她先是将几张丈夫跟宋佳偷情的照片放进了一个信封，接着又匿名给丈夫写了封敲诈信，说自己对他搞外遇的事掌握得一清二楚，如果他不想让妻子知道的话，就给自己一万元的封口费，要现金交付，交付时间是第二天的下午四点，地点是他家小区附近超市的一个垃圾桶。而为了不让丈夫猜疑到自己，张慧芳故意将字迹写得非常潦草，根本看不出是她的笔迹。敲诈信准备好后，张慧芳一早便通过附近的一家邮局寄了出去，如果不出意外，丈夫当日即可收到信件。

信件寄出后，张慧芳便静观丈夫的反应，让她失望的是，当晚丈夫马刚的表现一切如常，好像根本没有被敲诈过似的。看着丈夫若无其事的表情，张慧芳的心凉透了，没想到丈夫对自己背叛婚姻的行为竟然毫无愧疚感，即便被人发现了也能若无其事。而让张慧芳感到安慰的是，她第二天如愿拿到了一万元，另外，此后几天丈夫晚归和夜不归宿的状况也没再出现，这让她觉得丈夫还是在意这个家的。

只是这种情况持续没多久，丈夫就又开始经常性地"加班"和夜不归宿了。张慧芳很无奈，离婚吧，舍不得，而且她一无工作，二无钱，还带着孩子，将来如何生活？就算是要离婚，也得先从丈夫那多弄点钱才行，否则自己这么多年的辛苦，算是白付出了！更重要的是，如果能把家里的钱弄到自己手里，一旦丈夫没有钱了，他自然没办法继续搞外遇，这样丈夫就可能重回家庭了。

想到这儿，张慧芳擦干了眼泪，她决定要继续通过敲诈的方式从丈夫那儿弄到更多的钱。当然，越多越好！接下来的大半年，张慧芳对丈夫马刚实施的敲诈竟然多达十多次，少则五千，多则两万，全看心情，前后加起来，有十五万之多。期间，张慧芳发现丈夫马刚在连续被敲诈后，变得越来越烦躁，夜不归宿也越来越频繁，甚至连借口都不屑说了，有时还对她的盘问表现得很反感，两人争吵的次数也越发多了起来。几个月前，丈夫马刚因工作上的连续失误被公司借故辞退了，心烦的他大半夜跑出去飙车，不想却又跟人撞了车，左腿轻度骨折。

这在马刚看来，可谓是倒霉到家了，不过在张慧芳看来，这事倒算不上坏事，因为丈夫暂时不能出门搞外遇了，而这恰好是修复两人夫妻关系的好时机。

　　丈夫在家养病的一个多月，张慧芳对丈夫照顾得无微不至，非常体贴，这让丈夫很感动，两人的关系也有所好转。张慧芳对两人的婚姻又有了信心，决意今后不再敲诈丈夫了，要跟丈夫好好过日子。可就在这时，一件事情的发生又让张慧芳变得紧张起来。

　　原来，张慧芳无意间听到丈夫的一个电话，他向一个朋友询问，是否认识在附近邮局工作的人，他想查看一些监控视频。张慧芳听后惊出一身冷汗，看来丈夫注意到所有的敲诈信都来自一家邮局了，他打算调查此事，究竟是谁在敲诈他。张慧芳心想，如果丈夫发现是自己在敲诈他，他们的婚姻可能就彻底完了。而丈夫之所以现在想调查被敲诈的事，完全是因为在家闲的无事可做。如果再次让他忙起来，他就无心再继续追查敲诈的事了，可如何让丈夫忙起来呢？

　　思来想去，张慧芳想到了一个好主意，帮助丈夫开一家公司。丈夫一直想自己开家广告公司，之前因为张慧芳的反对，这个想法一直没实现，而现在张慧芳却想主动帮丈夫达成心愿了。

　　张慧芳的提议让丈夫既兴奋又为难，兴奋的是开公司是他的梦想，为难的是，他现在没有足够的启动资金。张慧芳见状随即拿出了自己从丈夫那敲诈来的 15 万元，谎称从娘家借的，希望帮助丈夫创业。马刚见状自然很高兴，不住地夸张慧芳是贤妻，张慧芳听后心里有些不是滋味，自己不断地敲诈丈夫，还算不算是贤妻呢？2016 年 3 月，马刚用妻子张慧芳给的 15 万元，再加上家里的存款 20 多万元，总计约 40 万元，开办了一家广告公司。

　　公司刚开张自然格外忙，因此正如张慧芳所料，调查敲诈的事，丈夫马刚也就顾不上了，张慧芳松了口气，想着今后要对丈夫更加体贴，以彻底赢回丈夫的心。2016 年 5 月的一天下午，本来晴朗的天却忽然下起了大雨，张慧芳担心没带伞的丈夫会淋雨，便赶到公司给丈夫送伞，这还是她第一次去丈夫公司。张慧芳期待着丈夫看到她后感激的样子，不想还没走到公司楼下，张慧芳就看见丈夫跟宋佳亲昵地相拥着走出了大楼，接着坐上车走了。

张慧芳顿时愣住了，仿佛心被刺穿了一般。后来张慧芳才了解到，宋佳其实已被丈夫聘为公司的财务经理了。张慧芳没想到，自己隐忍了一年多，还把自己的私房钱拿出来给丈夫开公司，可最终还是难以挽回丈夫的心，张慧芳彻底绝望了，她知道丈夫永远不会回心转意了，她要和丈夫离婚！

之后，张慧芳带着孩子住到了娘家，并和丈夫打起了冷战。回到娘家后，张慧芳就病倒了，高烧数日，这期间丈夫只是打了两通电话，还是问孩子的。这让张慧芳无比心寒，也促使她坚定了离婚的想法。可前期从丈夫那敲诈的钱已经交给丈夫开公司用了，如果她现在提出离婚，丈夫不还她钱怎么办？思来想去，张慧芳认为还是再从丈夫那敲诈一笔钱比较稳妥，而这次她决定一次性要20万元。计划好后，张慧芳便从娘家附近的邮局给丈夫寄出了她最后一封敲诈信，敲诈数额是20万元，并于第二天下午赶到约定的地点取钱，与以往不同的是，她这次并没有拿到索要的20万元。

张慧芳很失望，而且还很愤怒，她甚至打算要找丈夫摊牌，把丈夫婚外情的事情揭发出来，然后直接离婚。张慧芳随即拨打了丈夫的电话，却一直无人接听，她有些气急败坏地回到家，却发现家里全是煤气味，丈夫早已中毒身亡。接着便发生了本案开头的那一幕，发现丈夫中毒身亡后，张慧芳认为这和宋佳有关，因为在她看来，勾引别人丈夫的女人都不是什么好人，说不定因为什么原因杀害了丈夫，于是她情急之下报了警。

在张慧芳一把鼻涕一把泪地交代敲诈丈夫的原因和经过时，警方又在死者马刚办公室的一个保险箱里找到了一份遗书，上面写明其在过去近一年的时间里先后遭受了十多次敲诈，这给他的生活造成了极大的困扰，这次他实在满足不了敲诈者的胃口了，他拿不出20万元，而宋佳的卷款逃跑也让他大受打击，他对生活已经绝望了，因此最终选择了自杀。

得知是自己一再的敲诈才将丈夫逼上了绝路，张慧芳懊悔地说，最初她敲诈丈夫的想法本是要挽回婚姻，没想到最终竟彻底毁了婚姻。

案件真相大白，很快张慧芳就被人民检察院以涉嫌敲诈勒索罪向人民法院提起了公诉。

在法庭上，张慧芳承认自己匿名敲诈丈夫马刚的事实，可她敲诈的是自己的丈夫，而且敲诈的钱也是他们夫妻的共同财产，因此她的行为不应该构成敲诈勒索罪。那么张慧芳的说法成立吗？

### 律师说法：敲诈勒索罪>>>

敲诈勒索罪是指以非法占有为目的，对被害人使用威胁或要挟的方法，强行索要公私财物的行为。

本案中被告人张慧芳和被害人马刚两人虽是夫妻，但张慧芳出于独占夫妻共同财产的目的，以掌握丈夫出轨证据为由，匿名敲诈丈夫马刚，马刚受到要挟后，害怕婚外情被曝光，被迫交出钱财，张慧芳的行为完全符合敲诈勒索罪的构成要件，应以敲诈勒索定罪处罚。

张慧芳前后通过信件的方式匿名向丈夫敲诈十多次，共获得款项 15 万元，她的敲诈行为已经完成，虽然后来谎称娘家借款将敲诈所得 15 万元返还给了丈夫，但这只是在量刑时考虑的问题。另外，张慧芳最后一次敲诈 20 万元属于未遂。

### 法条链接>>>

● 《中华人民共和国婚姻法》

第十七条　夫妻在婚姻关系存续期间所得的下列财产，归夫妻共同所有：

（一）工资、奖金；

（二）生产、经营的收益；

（三）知识产权的收益；

（四）继承或赠与所得的财产，但本法第十八条第三项规定的除外；

（五）其他应当归共同所有的财产。

夫妻对共同所有的财产，有平等的处理权。

● 《中华人民共和国刑法》

第二百七十四条　敲诈勒索公私财物，数额较大或者多次敲诈勒索的，处三年以下有期徒刑、拘役或者管制，并处或者单处罚金；数额巨大或者有其他严重情节的，处三年以上十年以下有期徒刑，并处罚金；数额特别巨大或者有其他特别严重情节的，处十年以上有期徒刑，并处罚金。

最终，法院以张慧芳犯敲诈勒索罪，判处四年有期徒刑。

同时，法院审理认为，虽然死者马刚遗书上说是被敲诈逼迫自杀，但是其情人宋佳携款逃跑的行为无疑也深深伤害了他，因此宋佳所犯的职务侵占罪应该从重处罚，判处三年有期徒刑。

**法条链接>>>**

● 《中华人民共和国刑法》

第二百七十一条　公司、企业或者其他单位的人员，利用职务上的便利，将本单位财物非法占为己有，数额较大的，处五年以下有期徒刑或者拘役；数额巨大的，处五年以上有期徒刑，可以并处没收财产。

……

接到判决后，张慧芳后悔不已，就算是在知道丈夫有了外遇后就果断离婚，也好过现在的结局，是她害死了丈夫，让儿子没有了父亲，她不知道今后该怎么面对儿子。

宋佳也为自己插足别人家庭，并在情人困难时落井下石的行为感到后悔，接到判决后她痛哭不已。

现实中这种情况的家庭很多，妻子知道丈夫有了情人，不是大闹就是想办法来惩罚丈夫，虽然她们的初衷都是为了挽救婚姻，可最终结果却往往事与愿违，本案中的张慧芳就是一例。其实，夫妻间不可避免地会出现这样或者那样的问题，可怕的不是这些问题的出现，而是出现问题后的心态以及处理方法，不正确的处理方法只能适得其反，甚至酿成悲剧。

# 婆婆遇害了

**关键词** 数罪并罚　窝藏、包庇罪

2014 年 3 月的一天早上，北方某乡村的一个农家院里，院门大开，突然从里面传出了一个女人惊天动地的喊叫声，只见一个女人一边惊叫着一边向外奔跑，嘴里不住地大喊道："出人命了！……出人命了！"

女子名叫王英，经她这么一折腾，邻居们都纷纷向她家聚拢。王英见邻居们来了，赶紧慌张地领着大家到婆婆的房间去看，原来是王英的婆婆赵淑芹被害了，只见赵淑芹赤身裸体地躺在地上，身子已经僵直，满身是血迹。

王英不敢靠近，她蜷缩着身子，一直躲在门后，除了时不时捂着眼睛哼哼嘤嘤哭上几声外，一句话也说不出来。邻居们看了现场的惨状后，都对赵淑芹的死唏嘘不已，他们一边安慰被吓得惊慌失措的王英，一边打电话向当地派出所报了警。

民警很快赶到了王英家，查看了现场后，马上联系了县公安局的刑警和法医到场，进行了详细的调查和法医鉴定。经鉴定，王英的婆婆赵淑芹身中十几刀，前胸和后背都布满了刀伤，并且刀刀伤及骨头，可见凶手下手非常狠。

到底是什么人，又是为了什么，对一个家庭妇女下如此重手？对于邻居们的议论纷纷，王英一时也说不出个所以然来。

案件迅速进入侦查阶段，民警走访了村里的许多村民及村委会负责人，在村里进行了详细的询问和调查。

经调查反馈，死者赵淑芹 50 多岁，是一位朴实、善良的农村妇女，15年前丈夫因病去世，此后赵淑芹未再改嫁，一个人独自将未成年的儿子拉扯大。为了生计，赵淑芹在家里开了一个加工香油的小作坊，收入不多，只能保证母子俩的基本生活。后来为了给儿子娶媳妇，赵淑芹还借了不少外债，至今没还清。可见，这样的家境应该不会招来歹徒深夜盗窃抢劫，而且据王英交代，案发当晚她家中并无财物丢失。

民警排除了图财害命的可能，转而认为案件很可能是仇杀，因为从死者身上刀伤的深度来看，刀刀入骨，对一个老年妇女下这么大的猛力，很可能有很深的积怨。

可调查又发现，赵淑芹自从丧夫后一直低调行事，生怕招惹上什么是非，再加上她为人老实，从不跟邻里争吵，连句骂人的话都不会讲。而据熟悉赵淑芹的亲戚朋友讲，几十年来，他们从未听说过赵淑芹有什么仇人或跟人有什么过节。如此一来，仇杀的可能性也基本被排除了。

既非图财害命，也非仇杀，莫非是强奸杀人？赵淑芹死时赤身裸体，或许有这种可能。出于这个考虑，民警又请求法医对赵淑芹的遗体进行了专门检查，经检查认定，赵淑芹生前并没有遭受过性侵。

盗窃、仇杀和强奸引发杀人的可能性一一被排除，警方随后寄希望于从现场留下的刀痕和死者的儿媳身上寻求突破。

从刀伤的深度来看，凶手应该是青壮年男子，而从刀伤的数量来看，凶手当晚对赵淑芹下手时一定很激愤，但究竟是赵淑芹的什么举动惹恼了凶手？民警不得而知。不过民警认为，赵淑芹跟儿媳王英同住在一个院子里，而王英却说当时一点动静都没听到，实在可疑。

警方重新研究了对王英的询问记录。根据王英的口述，她是第二天早上七点多见婆婆赵淑芹迟迟未出房门，有点奇怪，这才推开房门，准备叫婆婆起床，不想一进门就发现婆婆遇害了。当时她吓得神志不清了许久，接下来发生了什么，她大都不记得了，只看到来了好多邻居，后来又看见有民警来到了家里，她这才慢慢醒过神来。

而根据法医的鉴定，赵淑芹的死亡时间应该是在当晚的零点左右，正值夜深人静之时。赵淑芹身上凌乱的刀伤昭示着她当时与凶手进行过长时间的打斗，想必动静应该不小，而赵淑芹的卧室与儿媳王英的卧室距离不过七八米，按常理王英应该能有所察觉，可为什么她竟说一点动静都没听到呢？

面对民警的质疑，王英说是她向来晚上睡得特别沉，经常雷打不动。见民警仍有所怀疑，王英着急了，问道："你们该不会怀疑是我杀了婆婆吧？"接着王英为自己辩白说，她发誓是早上才发现婆婆被害的，第一时间赶来的邻居可以为她作证。王英还说，她跟婆婆平常相处得不错，每当她跟丈夫吵架，婆婆总是向着她，训斥丈夫，因此她完全没有杀婆婆的动机。再说，就是她要杀婆婆，也杀不了，因为婆婆的力气远比她大得多，而这些都是邻里皆知的。

警方随后又重点对王英的邻居进行了询问。有邻居证实，当日一大早就见王英在门口打扫卫生，两人还打过招呼，王英谈笑很自然，后来才听到王英的喊叫声，大家赶到她家中一看，才发现赵淑芹被害了，而王英看上去像是吓坏了。另外，王英所说的她跟婆婆的关系，以及婆媳俩的力气大小也都从邻居那里得到了证实。

儿媳王英的嫌疑也被排除了，据此也可断定一定是外人进入家中作案，那么这个凶手是怎样进入王英家中的呢？这又成了警方的一个突破口。

警方又勘查了室外现场。这是一处普通的农家院子，正房四间，中间两间是客厅，东西两间是卧室，婆婆赵淑芹住东边，王英和丈夫住西边，因为丈夫常年在外打工，平常就王英一人居住。警方查看了院落结构，又走到大门口晃动了几下大门，大门是铁制的，打开的声音很响，因此凶手在夜深人静之时，是不可能从铁门进入的，唯一的可能就是，从马路直接爬上院墙，再从院墙跳入院内。同时，警方注意到，王英的窗口前面，还留有一段小矮墙，这更方便有人翻进爬出。而在这段小矮墙上，细心的民警发现了有人攀爬留下的痕迹，墙根的一块木板上还有少许血迹。由此，警方初步推断，凶手是翻过这段小矮墙进入院内的，落脚点就在王英的窗口下。民警分析认为，夜深人静之时，假若王英听力正常，应该能听到有人跳墙的声音，而即便她没听到跳墙声，也应该能听到持续时间比较长的打斗声，毕竟婆婆的卧室距离她的卧室不远。

然而，王英却一直坚称当晚她没有听到任何动静，是她真的睡得太沉，还是另有隐情呢？

民警在走访中除了了解到死者赵淑芹的一些事情外，也对王英夫妻的事有了一些了解。其实，王英跟丈夫的感情很不好，刚结婚没多久就经常吵架，也一直没要孩子，后来丈夫干脆出门打工去了，自此便很少回家，据说还在外面找了情人，两人已同居。如此说来，王英会不会因为和丈夫感情不和转而忌恨婆婆，因此她希望婆婆遭难，进而听到婆婆有难而故作不知？警方似乎从王英身上察觉到了什么。

围绕王英的夫妻感情，警方又做了进一步的调查。调查了解到，王英虽然不满丈夫有外遇，但她自己与一名离异男子也有着不正当的往来，据说这名男子曾多次到访过王英家。随后，警方通过多方打探，逐步掌握了这名男子的基本情况。男子名叫李军，三十五六岁，住在县城城郊的一个村庄，离王英的家有六七里路。李军常年不务正业，也正是这个原因，几年前妻子跟他离了婚。大概是几个月前，李军和王英开始频繁来往。

掌握了这些情况，警方决定立即对王英突审。面对民警的详细询问，王英显得十分慌乱，前言不搭后语，她一会儿说不认识李军，一会儿又说李军是他们家生意上的客户，只做过一两笔生意。当办案民警问到李军在案发当晚是不是到过王英家时，王英开始浑身发抖，随后便对民警的追问闭口不答。

既然王英说李军只是生意上的客户，为何还要遮遮掩掩呢？显然两人的关系并没有这般简单，难道两人有奸情的传言是真的？

警方见王英不再配合问话，便决定从李军处寻找突破口。随后，民警在村民的引导下来到了李军的家，不过却发现李军早已逃之夭夭。而在李军的家中，警方勘察发现室内地板上沾有几丝模糊的血迹，床单上也发现了几块血斑。

办案民警先对李军家中的可疑线索进行取证后，便迅速展开了对李军的查找。民警先是询问了李军的邻居，邻居们声称李军单身一人，没有正经工作，常年四处游荡，在家的时间也不多，不过前天倒是见过他，时间大概与赵淑芹被害的时间吻合。让民警惊喜的是，李军家斜对面碰巧有一家小超市，超市外架设了两台监控摄像机，一台正对李军家。民警随即调出了案发前后时段该台监控摄像机的录像，结果发现案发当晚凌晨三点左右，一辆出租车到过李军的家门口，然后带着李军向村北驶去。

深更半夜李军为何要坐出租车，是外出办事还是畏罪潜逃？他又去了哪里？

办案民警根据监控录像画面显示的车牌很快就找到了李军乘坐的那辆出租车。出租车司机声称，当时李军打电话来，说要赶火车，他便开车将李军送到了火车站，此后李军去了哪，他无从知道。

民警随后赶到火车站，调取了李军的购票信息，信息显示李军坐上了一列南下的普通列车，目的地很远，直到民警发现了他的行踪之时，仍在火车上。于是民警立即联系了该列火车下一停靠站点的火车站，让该站点的执勤民警协助抓捕李军。待民警出现在列车上时，李军正在昏睡，民警叫醒了他，他一见几个民警正围着他，立刻吓得脸色煞白、浑身瘫软，连路都走不稳了。

紧接着，李军向抓捕他的民警承认了他杀害赵淑芹的事实。随后李军被遣送回当地派出所。后经审讯，李军向民警讲述了他作案的整个经过。

原来，就在4个月前，李军在微信上结识了无聊的王英，两人很快暧昧起来，不但在网上聊得火热，线下也开始频繁幽会。当李军得知王英的丈夫常年不在家后，他有了一个大胆的想法，那就是直接到王英家中幽会，因为在外找宾馆幽会太麻烦也太费钱。可在家中幽会了几次后，竟被王英的婆婆赵淑芹看出了猫腻，还被逮了个正着，李军被赵淑芹好一番责骂，后来便一直怀恨在心。

因为赵淑芹的干涉，李军与王英的幽会变得非常困难，但两人才暧昧了短短两三个月，正在难舍难分之际，怎肯收手，于是两人便在微信上商量，该怎样解决赵淑芹这个大麻烦。王英最先提出用钱封住赵淑芹的口，李军认为不可行，因为两人干的事是在给赵淑芹的儿子扣绿帽子，赵淑芹绝不会为了钱不顾儿子的脸面，再说李军常年不务正业，没多少积蓄，哪有闲钱再送人。两人商量来商量去也没想出个好办法，最后，李军大放厥词说："不如直接把赵淑芹奸污了，到时她就再没脸管咱俩的事了，更不敢把事情张扬出去丢人现眼，只能闭紧嘴巴装聋作哑。"

李军这话本是一时气话，不想王英却认为是个极好的主意，这就让李军骑虎难下了，说了大话不敢做，那显得多无能，为了不在情人面前丢面子，李军决定将气话付诸行动。

案发当晚，李军在家中独自饮酒，他边喝边想，今晚定要一举两得，既占了赵淑芹的便宜，又解除了他和王英日后幽会的障碍。一瓶白酒下肚后，李军开车向赵淑芹家驶去，不想走到半路，醉驾的他就将车撞在了路边的树上，他想加大马力倒车，却又陷入了路边的泥泞中，车轮几番打滑挣扎不出来。李军见时间已接近凌晨，快到了跟王英约好的时间，索性先不管车了，摇摇晃晃地徒步向王英家走去。

李军轻车熟路地爬上了王英家的西院墙，然后翻入院中。他先在王英窗前听了听动静，只听里面轻轻干咳了一声，李军也轻声回应了一下。对上暗号后，李军就蹑手蹑脚地向赵淑芹的卧室走去。李军轻轻打开房门，慢慢撩起赵淑芹的被子，然后就整个身子压到了赵淑芹身上。赵淑芹被惊醒，使劲想把李军从身上推开，而李军此时却来了兴致，就是不起身，于是两人开始了搏斗。搏斗中，李军的脸和后背都被赵淑芹抓伤了，李军恼羞成怒，卡住了赵淑芹的下巴，并在她身上疯狂地捶打起来，赵淑芹被打得不住地惨叫。

可就在这时，李军忽然感觉后背上被一件冰凉的铁器刺中了，像是一把剪刀。李军慌了，赶紧从赵淑芹身上下来，他见赵淑芹随即坐起来，手中拿着东西还要向他身上捅，李军吓得赶忙躲避，慌乱之中，他的身子碰到了一张桌子，然后就听到"当啷"一声，李军知道这是一件铁器掉到了地上，他赶紧弯腰一摸，竟然是把菜刀。李军捡起菜刀，气急败坏的他心想："好你个老家伙，敬酒不吃吃罚酒，我看你是活腻歪了！"随即便挥舞着菜刀向赵淑芹砍去，一通乱砍后，赵淑芹不再挣扎了，李军这才收了手。

李军此时已累得气喘吁吁，他站起身这才发现了站在门口的王英。王英刚才听声音不对，怕出意外便赶了过来，不想正看见李军挥刀向婆婆乱砍，她登时就吓傻了，本想叫李军住手，可嗓子里却发不出声音。李军赶忙抱起一动不动的王英，向王英的房间走去。在王英的床上，李军搂着王英好一番安慰，这才让王英回过神来。然后李军开始做王英的思想工作，说两人已经是一条绳上的蚂蚱了，如果破了案王英也脱不了干系。此时，王英怕得要命毫无主张，自然对李军言听计从。见王英渐渐稳住了心神，李军又向王英交代，早上要出门扫地掩人耳目，然后再装作突然发现赵淑芹被害，让别人报警，并在警方问讯时坚称案发时什么都没有听到，这样警方就不会怀疑王英了。王英一一答应下来，李军这才放心地吻了王英一下，然后翻墙仓皇逃走。

出了村子，李军赶忙狂奔回自己家，陷在泥里的车子他也顾不上了，简单收拾了行囊，便打电话叫了辆出租车，然后向火车站赶去。到火车站后，李军并没想好要去哪儿，他只想跑得越远越好，所以就买了一张去往距离自己家乡近两千公里的城市的车票。李军想，只要王英不招认，这件事就成了无头案，警方不会怀疑到他头上的，而即便王英招认了，警方也找不着他，时间一久，这件事也会不了了之。

坐上火车，李军感觉心里踏实了一些，很快就迷迷糊糊地睡着了，可突然之间，刚才与赵淑芹搏斗的场景一下从李军的脑海里蹦到了眼前，吓得他打了一个冷战。想到自己已经命案在身，李军的心里好像结了冰，身子越蜷越紧。接下来的整个旅程，李军一直是在半睡半醒的状态中度过的，总是刚睡着就被噩梦惊醒，最后一次是被车站民警叫醒的，见好几个民警围着自己，他只好束手就擒，乖乖归了案。

李军交代完作案经过后，民警又根据李军的交代，在赵淑芹所在村子后面的小河里打捞出了李军丢弃的杀人凶器。

随后，民警将王英抓捕归案，此时的王英不得不承认自己与李军有着不正当的男女关系，而且在李军杀害婆婆赵淑芹后，为了让李军逃脱法律的制裁，她才向警方说了谎。

案件水落石出后，村里的人议论纷纷，谁也没想到赵淑芹的死竟然是儿媳王英的情人李军所为，大家都为赵淑芹的死感到惋惜，同时也对儿媳王英的不检点行为感到不齿。

很快，检察院以李军涉嫌强奸罪、故意杀人罪，以王英涉嫌包庇罪向人民法院提起公诉。

## 律师说法：数罪并罚>>>

数罪并罚是指对犯两个以上罪行的犯人，就所犯各罪分别定罪量刑后，按一定原则判决宣告执行的刑罚。

本案中，李军强奸赵淑芹的意愿明确，也采取了暴力手段，但因赵淑芹的极力反抗而未能得逞，其行为确已构成强奸罪。在强奸未遂之后，李军气急败坏，便用菜刀对赵淑芹猛砍，致其惨死，其行为又构成了故意杀人罪。因李军涉嫌两罪，故适用于数罪并罚。

### 法条链接>>>

● 《中华人民共和国刑法》

第六十九条　判决宣告以前一人犯数罪的，除判处死刑和无期徒刑的以外，应当在总和刑期以下、数刑中最高刑期以上，酌情决定执行的刑期，但是管制最高不能超过三年，拘役最高不能超过一年，有期徒刑总和刑期不满三十五年的，最高不能超过二十年，总和刑期在三十五年以上的，最高不能超过二十五年。

数罪中有判处有期徒刑和拘役的，执行有期徒刑。数罪中有判处有期徒刑和管制，或者拘役和管制的，有期徒刑、拘役执行完毕后，管制仍须执行。

数罪中有判处附加刑的，附加刑仍须执行，其中附加刑种类相同的，合并执行，种类不同的，分别执行。

第二百三十二条　故意杀人的，处死刑、无期徒刑或者十年以上有期徒刑；情节较轻的，处三年以上十年以下有期徒刑。

第二百三十六条　以暴力、胁迫或者其他手段强奸妇女的，处三年以上十年以下有期徒刑。

奸淫不满十四周岁的幼女的，以强奸论，从重处罚。

强奸妇女、奸淫幼女，有下列情形之一的，处十年以上有期徒刑、无期徒刑或者死刑：

（一）强奸妇女、奸淫幼女情节恶劣的；

（二）强奸妇女、奸淫幼女多人的；

（三）在公共场所当众强奸妇女的；

（四）二人以上轮奸的；

（五）致使被害人重伤、死亡或者造成其他严重后果的。

最终，法院经过审理以故意杀人罪、强奸罪判处李军死刑。而王英明知道李军已经杀人，但仍和李军密谋延迟报案时间，给罪犯逃跑提供机会，王英的行为已构成包庇罪。法院以包庇罪判处了王英两年有期徒刑。

## 律师说法：窝藏、包庇罪>>>

窝藏、包庇行为是在犯罪人犯罪后实施的，即只有在与犯罪人没有事前通谋的情况下，实施窝藏、包庇行为的，才成立本罪。本案中，王英事前并不知晓李军会杀人，因此不能以共同犯罪论处。

### 法条链接>>>

● 《中华人民共和国刑法》

第三百一十条　明知是犯罪的人而为其提供隐藏处所、财物，帮助其逃匿或者作假证明包庇的，处三年以下有期徒刑、拘役或者管制；情节严重的，处三年以上十年以下有期徒刑。

犯前款罪，事前通谋的，以共同犯罪论处。

收到判决后，李军和王英都后悔不已。李军自离异后为了寻求刺激，到处拈花惹草，不想最终因为逞一时之能而杀人夺命，也赔上了自己的性命。

而王英呢，也后悔当初发现丈夫有了外遇后，没有以感情来感化丈夫，而是采取了以牙还牙的报复手段，结果不但害了婆婆性命，还让自己身陷牢狱。

面对母亲的被害，王英的丈夫充满了自责，他明白自己有不可推卸的责任，如果不是他出轨在先，王英也不会以出轨报复他，也就不会为母亲招来杀身之祸。王英的丈夫发誓永远不会原谅王英，安葬了母亲后，便果断地与王英离了婚。

感情不是儿戏，既然结为夫妻，就应该彼此忠诚，倘若一方出轨，另一方也出轨报复，那婚姻也就成了游戏场，一旦如此，受伤的就不会只有夫妻两人，还会连累家人，本案中的赵淑芹就是无辜受到伤害的一位。

# 不育丈夫的歪点子

**关键词**　强奸罪　对非婚生子女的抚养义务

2011 年 7 月的一天，王晓静从医院回到家，颓丧地坐在沙发上，手拿孕检单的她随即陷入了沉思。孕检单上的 "+" 号，她曾苦苦期盼了好多年，可如今真的怀孕了，她却一点也高兴不起来，反而很忧虑。王晓静为何如此不安呢？原来，这个孩子并不是王晓静丈夫的，而是她被强奸后怀上的。至于强奸者是谁，王晓静一无所知，因为事后她没有报案。

王晓静揣着化验单犹豫了好几天，她想过偷偷把孩子打掉，可又舍不得，她很想留下这个孩子。王晓静之所以会有这样的想法，是因为她的丈夫孙阳患有不育症，结婚多年他们一直没有孩子。为了实现做母亲的愿望，王晓静希望丈夫能够理解和包容她，让她把这个孩子生下来。最终她鼓起勇气，将怀孕的事打电话告诉了在外地工作的丈夫。"什么？你再说一遍！"孙阳有点不相信自己的耳朵，急切地希望从妻子那里再一次确认消息。王晓静被孙阳这么一追问，委屈地哭了，孙阳见状赶紧说："你在家等着，我马上赶回去。"

王晓静在焦灼与不安的等待中迎来了丈夫孙阳。见丈夫出现，她再也控制不住情绪，扑到丈夫怀里大哭起来。

冷静下来后，王晓静哭哭啼啼地说出了自己被强暴的经过。一个月前的一天晚上 11 点多，她下晚班回家，正走在路上，突然被人从身后打晕。醒来后就发现自己衣衫不整，下体还有些疼痛，她明白自己是被人强暴了。随后，王晓静失魂落魄地跑回家，她打开淋浴器，希望水流能冲掉身体的污秒，在水声的掩盖下，她号啕大哭起来。王晓静想过报警，可她担心报警之后，自己和丈夫会再也抬不起头做人，于是她放弃了报警的念头。这件事就这样被王晓静藏在了心里，她也不敢告诉丈夫，怕影响夫妻关系。

王晓静本以为这件事会慢慢被淡忘，可事情却远远没有过去，这天王晓静感到身体不适，她忐忑不安地来到医院，竟被查出怀孕了。因为想留下孩子，王晓静这才将整件事情对丈夫孙阳和盘托出。

说完这些后，泪流满面的王晓静拉着丈夫孙阳的手，低声说："我想生下这个孩子。"孙阳听后一脸木然地从妻子手中抽回了自己的手，转身去了书房，"砰"地一声关上了门，任凭王晓静怎么敲门，如何哀求，孙阳都不肯打开房门。

此刻王晓静的内心既伤心又矛盾，尽管因为丈夫患有不育症，他们实现不了为人父母的愿望，可是哪个丈夫能接受妻子被人强奸，还要生下强奸犯的孩子呢？想到丈夫多年来一直对自己非常疼爱，王晓静很为难，她虽然想做母亲，可为了丈夫的尊严，她最终还是决定第二天就到医院把孩子打掉。

第二天一早，王晓静刚从卧室走出来，就发现丈夫孙阳坐在沙发上正注视着她。孙阳十分平静地对妻子说："我想通了，你把孩子生下来吧！"听到丈夫这话，王晓静一时难以相信自己的耳朵，她不知道丈夫是怎么想通的，竟然会容忍她生下一个强奸犯的孩子。虽然对丈夫的决定疑惑不解，但王晓静还是感到了一丝惊喜，她终于有机会当妈妈了。

孙阳看着妻子疑惑的表情，缓缓地说道："这个孩子虽然不是我的，但是孩子本身并没有错，况且，这个孩子能满足你当妈妈的愿望，也能填补我不能生育的遗憾，或许这就是命，是天意。"最后，孙阳深情地望着妻子说："只要你不说，我不说，没有人知道这个孩子的来历。"听完丈夫的一番话，王晓静一下子扑到丈夫怀里，激动地再次哭了起来，她知道让丈夫作出这样的决定，是件多么残忍的事。她暗自决定今后一定要更加爱丈夫，倍加珍惜这个家。

为了更好地照顾怀孕的妻子，孙阳申请调回了总公司，与此同时，他买了一些关于孕育之类的书籍，还带着王晓静参加产前培训班，可以说他对王晓静的照顾无微不至。看到丈夫为自己做的这一切，王晓静觉得自己这辈子最大的幸福就是嫁给了丈夫孙阳。

王晓静与丈夫孙阳是在大学期间相识相恋的，毕业后两人又在同一个城市分别找到了工作，工作没多久两人便结了婚，可正当两人浓情蜜意之时，孙阳竟被公司外派到了另一个城市，这一去就是五年。好在两人虽然两地分居，但距离并不远，每逢周末两人总会聚在一起，感情并没有因为距离而降温。

不过有一件事却让两人有些着急，也让两人的幸福婚姻出现了一个不和谐的音符，那就是结婚多年两人一直没有孩子。在父母的催促下，王晓静和丈夫孙阳到医院做了检查，一纸诊断报告犹如晴天霹雳，给一心想做母亲的王晓静当头一击，没想到丈夫孙阳竟患有无精症，这无疑让王晓静想做母亲的愿望变成了泡影。看着丈夫失落的神情，王晓静有些心疼，丈夫孙阳是个优秀的男人，对她又很疼爱，她觉得只要两人相亲相爱，即使没有孩子，也会生活得很幸福。为了保全丈夫的面子，王晓静帮着丈夫向父母隐瞒了真相。

可说起来容易做起来难，王晓静心里始终无法坦然接受此生不能有孩子的事实，看到身边许多年龄相仿的朋友同事都陆续有了孩子，她总会觉得很遗憾。而随着年龄的增长，王晓静想要做母亲的愿望越来越强烈，她也越来越控制不住自己的情绪，有一次她竟然脱口向丈夫提出了离婚。孙阳一听妻子要离婚，赶紧苦苦哀求，此后对王晓静更加疼爱了，还经常买些小礼物，带给妻子惊喜。这让王晓静失落的心情有了一些安慰，日子也逐渐恢复平静。

然而天有不测风云，就在此时王晓静被人强奸了，还怀上了强奸者的孩子。让王晓静没有想到的是，面对她悲惨的遭遇，丈夫孙阳竟如此的宽容大度，不但同意她生下孩子，还为生孩子的事忙前忙后，王晓静感到前所未有的幸福，她甚至觉得是因祸得福。

十月怀胎，一朝分娩，2012年3月底，王晓静的女儿出生了，孙阳天天抱着女儿，不舍得放手，看到孙阳如此喜爱女儿，王晓静悬着的心终于放下了。双方的老人都以为孩子是王晓静和孙阳的，也十分欢喜，抢着要给孩子办满月酒。

可谁也没想到，一切的美好竟在孩子的满月酒之后悄然消失了，最终还让王晓静和孙阳的婚姻走到了尽头，这又是怎么回事呢？

原来，孩子满月的那天，来做客的亲戚朋友在逗小孩玩时，免不了互相问："这孩子不像爸爸，也不像妈妈，到底像谁呢？"孙阳的一个朋友更是开玩笑地问："孙阳，这孩子是你的吗？怎么长得一点都不像你呀！"孙阳显得非常尴尬，虽然是玩笑话，可说者无心，听者有意，孙阳心里像被刀捅了似的难受。当宾客都离开后，孙阳颓丧地坐在沙发上，死死地盯着女儿看，他看着女儿的笑容，像想起了什么似的，突然起身摔门离去。王晓静心里一沉，她猜想一定是宾客的闲言碎语让丈夫心里难受了，不知道丈夫会跑去哪里散心，当晚，王晓静苦等了一夜，直到第二天早上，孙阳才醉醺醺地回了家，看到丈夫的样子，王晓静既心疼又难受。

自此以后，孙阳对妻子王晓静和孩子变得冷漠起来，再也不像之前那样欢喜。再后来，不知怎么的，孙阳居住的小区里，竟传出了一些有关孩子身世的流言蜚语，孙阳走在路上总感觉有人在背后指指点点，小声议论着什么。

慢慢地，孙阳像变了个人似的，经常很晚才回家，回家后也很少看女儿。有时候孙阳还会喝得酩酊大醉，一次醉酒回家之后，孙阳重重地关门声吓醒了熟睡中的孩子，王晓静抱着惊醒后啼哭不止的孩子，跟孙阳说以后轻点关门。孙阳一把推开王晓静，借着酒劲指着王晓静怀里的孩子大嚷道："不许哭，再哭就让你跟着你老子李德华受苦去。"王晓静听到这话一下子愣住了，缓过神来之后她抓着孙阳的手问："你说什么？李德华是谁？"可是无论王晓静怎么追问，孙阳都闭口不谈此事了，之后便倒头呼呼大睡。

孙阳的酒后失言让王晓静的心里产生了一个疑惑，丈夫口中的李德华到底是谁？是丈夫信口开河，还是丈夫无意间泄露了秘密？为了揭开答案，王晓静总是找机会套丈夫孙阳的话，无奈孙阳每一次都避而不谈，转移话题。

之前，王晓静觉得丈夫宽容大度，让她生下别人的孩子，所以凡事都尽量迁就丈夫。可如今丈夫对孩子不管不顾，想当初被人强奸并不是她的错，再说若不是后来丈夫孙阳同意，她也不会生下这个孩子。王晓静觉得很委屈，而且她总觉得丈夫有什么事刻意瞒着自己，想到这些，王晓静对丈夫就不再似过去那般低声下气了。妻子态度的转变让孙阳有些恼火，在他看来，妻子和别人生了孩子，是妻子对不起自己，妻子就应该对自己俯首帖耳。就这样，两个人的心态都悄悄发生了变化，原本平静的生活被打破，两人经常会为了一点小事发生争吵，有时甚至会大打出手。

王晓静原本想着，随着时间的推移，丈夫会面对自己不育的现实，慢慢地接受这个孩子。不过孙阳可不是这么想的，他已经受够了别人在背后的指指点点。

2012年6月，孙阳第一次悄悄地向法院递交了离婚起诉书，不过由于孩子尚在哺乳期内，离婚诉讼被法院驳回了。冷静下来的孙阳想到自己患有不育症，不妨尝试着接受这个非亲生的孩子，毕竟他还是很爱妻子的。这之后，孙阳对女儿的态度好了许多，有时还会站在婴儿床边逗女儿玩。对于这一切，王晓静看在眼里，心里感到一丝安慰。不过好景不长，孩子6个月大的时候显现出了双眼皮，而王晓静和孙阳都是单眼皮，这让孙阳的神经又一次处在了崩溃边缘，因为女儿的一颦一笑时刻都在提醒着他，女儿不是自己亲生的。孙阳再也忍不住了，他又开始酗酒，回家的次数越来越少，偶尔回家也是一进门就钻进书房，对妻子和孩子不闻不问。

此时，王晓静已渐渐明白，丈夫是容不下这女儿了，为避免二人再次发生争执，王晓静选择了沉默。可后来发生的一件事，却让王晓静毅然决然地向丈夫孙阳提出了离婚，并由此亲手将丈夫送进了监狱。

这天，王晓静在家里收拾东西时，她发现丈夫孙阳的一个文件袋遗落在柜子里。出于好奇，王晓静打开了文件袋，里面有一份协议书，签协议的人是丈夫孙阳和一个叫李德华的人。看到李德华这个名字，王晓静一愣，这不就是丈夫无意中提起的人吗？这李德华到底是谁？看完协议后王晓静整个人都蒙了，协议书的大致内容是，由李德华强奸孙阳的妻子王晓静，孙阳向李德华支付劳务费 1 万元，孙阳保证妻子王晓静不会报案，并自行承担全部法律责任。在协议书的后面还附带着一张 1 万元的收据，收款人正是李德华。

王晓静看着手里的协议，身体不住地颤抖，原来自己两年前下班路上遭遇强奸竟是丈夫孙阳一手安排的。王晓静实在想不通，丈夫一向疼爱她，为什么要找人强奸她？去问丈夫孙阳吗？王晓静看着手里的协议书，此刻她已经无法再相信丈夫孙阳了，她决定去派出所报案。

民警在了解了相关情况后，进行了立案调查，并马上找到孙阳，将他带到了派出所。孙阳起初坚决不承认自己曾指使他人强奸妻子王晓静，可当民警将他与李德华签订的协议和收据摆到孙阳面前时，他立刻低下了头，承认了自己的犯罪事实。

原来，孙阳小时候得过一场疾病，这场病导致他患上了无精症。结婚之前孙阳一直瞒着妻子王晓静，后来到医院检查后，妻子才知道他不能生育。因为妻子很想生个孩子，便有了离婚的想法，虽然孙阳苦苦哀求，暂时保住了婚姻，但孙阳知道，要想一直留住妻子，就必须有一个孩子。

孙阳原本想和妻子商量借种生子的事，可他知道依妻子王晓静的性格和脾气那是不可能的。孙阳也想过领养一个孩子，但他认为领养的孩子长大后若知道自己不是亲生的，就会和养父母产生隔阂。孙阳想还是自己的妻子生一个孩子比较好，当然，如果能找个知根知底的人当孩子的父亲，那就更稳妥了。

有了这个想法之后，孙阳开始偷偷物色起孩子父亲的人选，而这个李德华正是孙阳物色的人选。李德华是孙阳在异地工作时的同事，他出生在农村，家庭条件不算太好，但人长得帅气英俊也很机灵。孙阳选中李德华还有一个重要原因，就是当时的李德华急需用钱。李德华的父亲被查出肺癌中期，需要筹集高昂的医疗费。为了留住妻子，也为了能有一个自己的孩子，孙阳决定铤而走险，让李德华强奸自己的妻子。

当孙阳找到李德华并告知其自己的想法时，李德华吓了一跳，哪有丈夫让别的男人强奸自己妻子的，如果事后王晓静报案，自己这辈子可就完了，李德华当即表示拒绝。但是孙阳劝说李德华，他这么做也是迫于无奈，接着便将自己不能生育的事告诉了李德华，并说如果再没有孩子，他的家就散了。孙阳苦苦哀求李德华帮帮自己，并开解李德华说："女人被强奸后，一般都会顾忌自己的名声，选择忍气吞声，不会报警的，退一步说，若是我老婆王晓静想报警，我也一定会阻止的。"见李德华的态度有些松动，孙阳又表示，他可以和李德华签订书面协议，在协议中声明一旦出现任何问题，都由他承担全部责任，与李德华无关，并答应事成之后，给李德华1万元作为酬谢。急需用钱的李德华在考虑良久之后，答应了孙阳的请求。几天后，在孙阳的安排下，李德华对下晚班回家的王晓静实施了强奸，并致其怀孕。

听了孙阳的供述，民警又找到李德华，李德华对强奸的事实供认不讳。后经鉴定确认，李德华的确是孩子生物学上的父亲。

很快，检察院以孙阳、李德华涉嫌强奸罪向人民法院提起公诉。

### 律师说法：强奸罪>>>

强奸罪是指违背妇女意志，使用暴力、胁迫或者其他手段，强行与妇女发生性交的行为。本案中，李德华先将王晓静打晕，后与其发生了性关系。整个过程，王晓静并无意识，因此李德华的行为构成强奸罪。而孙阳则是整个案件的主导者，属于共犯。

### 法条链接>>>

●《中华人民共和国刑法》

第二百三十六条　以暴力、胁迫或者其他手段强奸妇女的，处三年以上十年以下有期徒刑。

奸淫不满十四周岁的幼女的，以强奸论，从重处罚。

强奸妇女、奸淫幼女，有下列情形之一的，处十年以上有期徒刑、无期徒刑或者死刑：

（一）强奸妇女、奸淫幼女情节恶劣的；

（二）强奸妇女、奸淫幼女多人的；

（三）在公共场所当众强奸妇女的；

（四）二人以上轮奸的；

（五）致使被害人重伤、死亡或者造成其他严重后果的。

法院经过审理认为，被告人李德华在被告人孙阳的指使下，违背妇女意志，以暴力手段强行与妇女发生性关系，其行为已构成强奸罪。最终法院判决，被告人孙阳和李德华犯强奸罪，两人均被判处有期徒刑六年。

当这些都告一段落后，王晓静无法接受丈夫孙阳的欺骗和无耻的行为，她向法院提起诉讼，要求与监狱中的孙阳离婚，并要求他承担孩子的抚养费。

开庭的那天，孙阳由警察押着来到法院。孙阳知道是自己对不起妻子，看到妻子的态度非常坚决，他同意离婚，但他认为，自己不是孩子的父亲，孩子与他没有血缘关系，他不应该承担孩子的抚养费。而王晓静则认为是丈夫孙阳指使李德华强奸自己的，当时她并不知情，后来又是丈夫孙阳让她生下了孩子，孩子也是在婚内生的，孙阳应当承担抚养费。那么孙阳是否应该承担孩子的抚养费呢？

**律师说法：抚养义务>>>**

抚养义务，简单来说就是指父母对未成年子女有抚养教育的法定义务。承担抚养义务的前提是形成父母子女关系，而要形成父母子女关系大致有三种情形：第一种，因自然血亲形成的亲子关系，这里包括婚生子女和非婚生子女；第二种，因生父或生母再婚而形成的继父母、继子女关系；第三种，因收养而形成的养父母、养子女关系。

本案中，孙阳与孩子之间没有血缘关系，很明显双方不能形成亲子关系，而王晓静与孙阳之间不属于再婚，同样不能形成继子女关系，最后，孩子是王晓静所生，并非是王晓静和孙阳收养的，因此孙阳与孩子之间也不能形成养子女关系。归根到底这个孩子与孙阳之间不具有父女关系，既然双方不具有父女关系，那孙阳对孩子也就没有抚养的义务。

或许有读者可能会问，当初是孙阳让妻子王晓静生下孩子的，如果当初孙阳不同意，那孩子很可能就不会出生。其实，生育决定权是女性独有的权利，本案中王晓静是否要生下这个孩子，完全取决于王晓静自己，而孙阳是否同意，并不能导致父女关系的形成。

或许有读者又会问了，那王晓静只能自己一个人抚养孩子了吗？答案是否定的，这个孩子是王晓静和强奸犯李德华的非婚生子女，王晓静是孩子的生母，而李德华则是孩子的生父。既然李德华与孩子形成了亲子关系，作为父亲的李德华就应当承担抚养的义务。

**法条链接>>>**

● 《中华人民共和国婚姻法》

第二十一条　父母对子女有抚养教育的义务；子女对父母有赡养扶助的义务。

父母不履行抚养义务时，未成年的或不能独立生活的子女，有要求父母付给抚养费的权利。

子女不履行赡养义务时，无劳动能力的或生活困难的父母，有要求子女付给赡养费的权利。

禁止溺婴、弃婴和其他残害婴儿的行为。

第二十五条　非婚生子女享有与婚生子女同等的权利，任何人不得加以危害和歧视。

不直接抚养非婚生子女的生父或生母，应当负担子女的生活费和教育费，直至子女能独立生活为止。

最终法院经过审理判决：准予王晓静与孙阳离婚，孩子由王晓静抚养，孙阳不承担抚养费。后来，王晓静另行提起诉讼，将李德华告上法庭，要求给付孩子抚养费，最终法院支持了王晓静的请求，判决李德华每月给付孩子抚养费 800 元，直到孩子 18 岁为止。

案件就这样结束了，锒铛入狱的孙阳后悔不已，他雇用朋友强奸妻子并生下小孩，妄图通过这样的手段来维护本来就并不牢固的婚姻，结果不但亲手埋葬了婚姻，同时也葬送了自己的前程。而朋友李德华在金钱的诱惑下，不顾法律的尊严，肆意妄为，也受到了应有的惩罚。王晓静在经历了这么多事情后，身心俱疲，她无法饶恕丈夫的欺骗，也憎恨那个强奸她的人。不久，王晓静带着女儿悄悄离开了那座城市，希望能在别处获得新生。

很多人都认为孩子是维持婚姻的纽带，岂不知有孩子的家庭也有很多离婚的，可见孩子并不能保证婚姻稳固，而没孩子的家庭也未必就不幸福，比如现今的很多"丁克家庭"。其实夫妻两人的感情才是维持婚姻的关键，感情坚定则婚姻稳固，感情不坚定，则婚姻这座大厦随时会有倒塌的危险。

# 多疑妻子引来"狼"

**关键词**　证据效力　侵害他人合法权益的非法证据

　　2014 年 3 月的一天，生活在北方某城市的刘建东收到一个神秘包裹，包裹里只有一张光盘。等看到光盘里播放的内容后，刘建东被吓得四肢发抖、冷汗直冒。就在这时，他的手机响了，看到来电号码，他怒气冲冲地接通了电话，绷着脸问道："孙凯，你个混蛋，钱都已经给你了，你到底还想怎样？"电话那头的人听后不但没生气，还嬉皮笑脸地说："刘经理别生气嘛，兄弟我最近手头有点紧，想再和你借点钱花，我想你不会拒绝吧……"还没等对方说完，刘建东就咬牙切齿地说："你个无赖，我不会再相信你了，更不会再给你钱！"说完就果断地挂断了电话。

　　这刘建东收到的光盘里到底是什么视频，以至于让他如此气愤？而这个孙凯又是谁？会不会就是寄送光盘的人呢？

　　原来，光盘里是刘建东和一个女人的不雅视频，可这个女人并不是刘建东的妻子，而是他的女网友。一个月前的一天，刘建东正在摆弄手机，忽然有一个叫"缘分"的女人，申请加他为微信好友，看着俊俏的女人头像，刘建东添加了对方为好友，之后两人便在微信上聊了起来。让刘建东意外的是，这个名叫"缘分"的女人非常了解他，对他的喜好总能说得八九不离十。而且"缘分"十分开放，经常主动发微信给刘建东，进行言语上的挑逗，偶尔还会发一些性感的照片，从视觉上对刘建东进行挑逗。

　　面对网友"缘分"的诱惑，刘建东并没有放在心上，他不想因为一时冲动伤害到妻子，进而毁了家庭。在刘建东看来，妻子张倩是个善良、单纯的女人，为了照顾两人的女儿，妻子主动放弃了热爱的事业，做起了全职妈妈。虽然妻子疑心比较重，甚至还有些过激，有时会让刘建东感到不舒服，但他知道，是妻子太在乎自己了。

刘建东原本想，家家都有一本难念的经，生活就这样将就过下去算了。然而一次醉酒后的遭遇，却让刘建东悔恨终生。

一天晚饭后，刘建东与妻子张倩因为教育女儿的方式发生了争执，不想妻子却趁机责备起丈夫只顾在外快活不顾家，还怀疑丈夫有了外遇，刘建东认为妻子疑心病太重，两人便吵了起来，最后刘建东赌气离开家来到酒吧，一个人喝起闷酒来。借酒浇愁的刘建东不一会儿就喝得醉醺醺，想起妻子对自己的不信任，刘建东心里有些酸楚，为了这个家，他在外面拼命工作，每天累得要命，却得不到妻子的理解。刘建东鼻子一酸，恨不得把心里的委屈全都倒出来，可他又能说给谁听呢？这时刘建东想到了一个人，女网友"缘分"。

刘建东忽然迫切地想见见"缘分"，在酒精的刺激下，刘建东鼓起勇气向"缘分"提出了见面的请求。让刘建东惊喜的是，"缘分"不但爽快地答应了，还很快赶了过来。"缘分"是位标准的美女，大大的眼睛，高高的鼻梁，笑靥如花。相互打过招呼后，两个人相对而坐，此时刘建东打开了话匣子，如同竹筒倒豆一般把对妻子的不满一股脑儿全都说了出来。网友"缘分"静静地听着，她非常的体贴，不停安慰着刘建东，还与刘建东频频举杯，不多时，刘建东就喝得烂醉如泥。

刘建东本是为了找人倾诉一下心头不快，没承想，一场阴谋已悄然向他袭来。

第二天早上，当刘建东醒来时，发现自己一个人睡在宾馆的床上，刘建东拼命回想昨晚发生的事，内心有些慌张，他害怕昨天晚上与网友"缘分"发生了什么，失去记忆的刘建东急忙向网友"缘分"询问，可一连几天，刘建东都联系不上她，刘建东突然有了一种不祥的预感，好像有什么事要发生似的。

几天后，一个叫孙凯的男人，主动找到了刘建东，他给刘建东看了一段刘建东在醉酒后与女网友"缘分"在床上的不雅视频。刘建东一看就愣住了，他竟完全不记得了。孙凯声称网友"缘分"是他的妻子，如果刘建东想私了此事，就给他3万元封口费，否则他就要将此事告诉刘建东的妻子和同事，让刘建东身败名裂。面对孙凯的威胁，刘建东束手无策，为了保护妻子不受伤害，也为了自己的名声，他只好给了孙凯3万元，并要回了视频。事后，刘建东虽然也曾怀疑过，女网友"缘分"很可能和孙凯是一伙儿的，可事到如今，为了保全名誉和家庭，他只能自认倒霉了。

　　事情发生后，刘建东面对妻子张倩时总是惴惴不安，每当看到妻子为了孩子和家庭忙前忙后，他就非常内疚。刘建东有时很想将事情告诉妻子，可一看到妻子真情的眼神，他就不忍再把自己干的龌龊事说出来。

　　刘建东本以为可以破财免灾，这件事很快就会过去，可没想到孙凯竟暗自留了一手，备份了不雅视频，如今再次以视频相威胁向他要钱。刘建东断然拒绝了孙凯，不过他担心孙凯过后真的会把自己的丑事告诉妻子张倩，思前想后，他决定先向妻子坦白，争取获得妻子的原谅。

　　这天下班后，刘建东早早回了家，路上还特意到花店给妻子买了束鲜花，他原本以为妻子收到鲜花后会很高兴，没想到妻子却一反常态，语气生硬地问他："你今天这般殷勤，是不是做了对不起我的事，你主动坦白吧！"刘建东听后一愣，心想莫非是孙凯已经把事情告诉妻子了？

　　刘建东赶紧拉过妻子张倩坐到沙发上，他叹了口气说："老婆，我是被人算计的，我知道错了！"听到这话，张倩大吃一惊，她疑惑地问丈夫："你怎么了？出什么事了？"刘建东紧接着就把之前怎么被"缘分"勾引，后来又怎么被人敲诈的事，向妻子简单讲述了一遍。最后，刘建东向妻子发誓，保证再也不会发生这种事了，今后一定全心全意做一个好丈夫、好父亲，让妻子原谅他这一次。

　　可就在此时，妻子张倩气呼呼地说："孙凯真不是个好东西，我要去公安局告他。""孙凯，你怎么知道他叫孙凯？"听到妻子直呼敲诈人的名字，刘建东的情绪瞬间由愧疚转为惊讶，他刚才并没有明说是孙凯敲诈了他。刘建东心想，肯定是孙凯已经提前将自己的丑事告诉了妻子，不然妻子不会知晓孙凯的名字。可出人意料的是，妻子张倩却说她跟孙凯其实早在刘建东出轨之前就认识了。

那么张倩是如何认识孙凯的呢？这还得从两人女儿的出生说起。2011年年初，女儿呱呱坠地，张倩辞掉工作全心在家带孩子，家庭的经济压力全都压在了刘建东身上。这之后，刘建东和妻子张倩过起了分工明确的生活，刘建东负责赚钱养家，张倩负责照顾孩子做家务。张倩空闲时便会在网上找些朋友聊天打发时间，日子过得很悠闲自在。不过这种生活，自从刘建东被单位提拔为销售经理后就发生了变化，刘建东回家的时间越来越晚，穿着打扮也越发讲究起来，这让张倩莫名的有了一种紧张感，她渐渐起了疑心，难道丈夫在外面有了别的女人？有了这种想法后，张倩开始经常询问刘建东平日都和哪些女人接触，她们都叫什么名字，甚至还会趁刘建东不注意，翻看他的手机。

张倩哪里知道，刘建东担任公司销售经理后，应酬自然要比之前多，而注意自身形象也完全是因为工作需要。让张倩没想到的是，她的多疑，不仅引起了刘建东的不满，还给他们的婚姻带来了危机。

有一次，张倩在翻看刘建东的手机时，竟把手机中存储的所有女人名字的电话全都删除了，这其中包括刘建东单位领导和重要客户的电话。妻子的无理取闹简直让刘建东无法容忍，为此两人发生了激烈的争吵，情急之下，刘建东还打了张倩一个耳光，然后摔门而去。

对于妻子张倩蛮横不讲理的态度，刘建东虽然有些生气，但他对妻子的爱并没有动摇，反倒为冲动之下动手打了妻子而感到后悔。刘建东原本以为等妻子气消了，向妻子道个歉，这件事也就过去了。然而，妻子张倩可不这么想，一记耳光让她对丈夫产生了更大的不信任感，她甚至已经开始为离婚做准备了。

张倩觉得丈夫之所以动手打自己，是做贼心虚，恼羞成怒，她委屈得抱着女儿号啕大哭起来。冷静下来后，张倩想到了离婚，可她有些担心，现在的她没有工作，没有生活来源，假如离婚的话，很难争取到孩子的抚养权，除非她能提供丈夫出轨的证据，不但离婚时可多分些财产，还可争取到抚养权。自此以后，张倩经常偷偷地跟踪刘建东，可大半个月过去了，她一点也没发现丈夫与哪个女人有什么不正当的往来。

按说，张倩此时大可安心跟丈夫过日子了，可她却毫无收手的意思，因为在她心里已经认定丈夫刘建东做了对不起她的事，而她之所以迟迟没有找到证据，是因为她要一边带孩子一边跟踪，精力跟不上，给丈夫留下了可乘之机。怎样才能抓住丈夫刘建东出轨的把柄呢？张倩苦思冥想，突然一个人浮现在了她的脑海里，此人就是孙凯！

那么孙凯与张倩是如何认识的？他们之间又是什么关系呢？难道他真能帮张倩找到刘建东出轨的证据吗？

原来，这个孙凯是张倩刚刚认识不久的网友，孙凯曾夸下海口，他是专业的私家侦探，要调查清楚一个人，对他来说是手到擒来的事。张倩马上与孙凯取得了联系，在听完张倩的讲述后，孙凯很痛快地答应了，还说他最痛恨出轨的男人了，一定会帮助张倩找到证据，而且不用张倩支付任何费用。对此，张倩很感动，同时对孙凯的为人也信心满满。

随后，张倩和网友孙凯相约见了面。见面后，张倩觉得特别失望，孙凯竟然是个"90后"的大男孩！孙凯仿佛察觉到了张倩对自己能力的不信任，便把近几年自己所调查的事情，添油加醋地给张倩讲了一遍，单纯的张倩丝毫没有怀疑孙凯的话，还暗暗思量"人不可貌相"。随后，张倩便把丈夫刘建东的姓名、工作单位、电话号码等信息告诉了孙凯，并留下了丈夫刘建东的一张照片。

听着妻子的讲述，刘建东在气愤的同时，也很疑惑，妻子怀疑自己有婚外情，找孙凯调查自己也就罢了，她怎么会指使孙凯来敲诈自己呢？刘建东实在是想不通。其实，更让刘建东匪夷所思的是，孙凯不仅敲诈了他，还敲诈了他的妻子张倩，甚至还占了张倩的便宜。

一天，张倩突然接到孙凯打来的电话，说事情有了进展，让张倩到他的住处去一趟。一听到孙凯找到了丈夫刘建东出轨的证据，张倩挂断电话后，立马就赶了过去。等张倩到了孙凯的住处后，孙凯递给她一张有些模糊的照片，照片里是一个男人搂着一个女人进酒店的背影，孙凯指着照片中的男人说："这个人就是你的丈夫刘建东，他背叛了你。"听了孙凯的话，张倩心痛万分，她感到整个心都碎了，虽然她心里早已认定丈夫对她不忠，可亲眼见到确凿证据还是让她一时难以接受。张倩一想到自己辛苦在家带孩子，丈夫却在外面风花雪月，就忍不住流下了伤心的眼泪。

见张倩伤心落泪，孙凯便轻轻抚摸张倩的头，安慰她。不一会儿，孙凯竟开始对张倩动手动脚，张倩感觉不对劲，想用力挣脱，这时孙凯劝张倩说："你老公和别的女人好了，不要你了，你何必还为他守身如玉呢？"听了孙凯这话，张倩的反抗有些减弱，她满脑子都是丈夫和其他女人抱在一起的样子，她心中气愤难平，面对丈夫的背叛，她觉得很无奈，也很无助，现在的她还能指望谁呢？张倩本不想与孙凯有什么瓜葛，可除了眼前这个男人能帮自己，还会有谁呢？想到这些，张倩不再反抗，任凭孙凯摆布自己的身体。

张倩本以为，在自己和孙凯有了一夜情之后，孙凯会更加卖力地帮自己调查丈夫出轨的证据，可她没想到那天发生的事竟是孙凯预先计划好的，他早就在卧室里准备好了摄像机，两个人亲热的画面全都被拍了下来，事后孙凯便以此要挟张倩索要钱财。为了保住自己的清白，张倩万般无奈之下，只好给了孙凯2万元封口费。张倩说到此处伤心地哭了，不是心疼钱，而是后悔自己干了蠢事。

张倩引狼入室，反被敲诈，她很后悔，本以为事情就此了结，没想到孙凯并不满足，竟又将目标对准了张倩的丈夫刘建东，还用了几乎同样的方式。

刘建东原本以为自己是被陌生人给算计了，可在了解事情的来龙去脉后，他才发现坑害自己的竟然是妻子张倩。一种被算计、被侮辱的感觉侵袭了刘建东全身，虽然刘建东对妻子还有感情，可他无法接受妻子的所作所为，他阴沉着脸，瞪着眼对张倩吼道："你这个阴险的女人！"说完，转身摔门而去。

刘建东重重的摔门声把张倩彻底惊醒了，她突然又想到了孙凯，正是这个人毁了她的生活，她要报复这个无赖，可想来想去，她无计可施，除了报警。

接到张倩的报警后，民警随即展开调查，并很快找到了孙凯。起初孙凯矢口否认自己曾对张倩和刘建东夫妻实施过敲诈行为，后来民警在孙凯的电脑里找到了他用来敲诈两人的不雅视频，在证据面前，孙凯不得不承认自己的犯罪事实。

原来，孙凯出生在农村，父母早亡，中学没毕业就外出打工了，后因吃不了苦，就过起了流浪的生活，成天游手好闲。可生活总离不开钱，孙凯便想着在网上找点事做，于是便在网上到处吹嘘自己多有本事，这才引来了张倩的注意。孙凯在答应帮张倩调查丈夫后，便偷偷地跟踪了刘建东几日，结果证实是张倩多心了，刘建东为人很老实，根本没出轨。孙凯不想就这么交差，又见张倩不但漂亮，还非常单纯，在利欲心和色心的驱使下，孙凯捏造了刘建东出轨的事，还趁机占了张倩便宜，并把两人的视频录了下来。后来，孙凯利用该视频成功敲诈了张倩2万元。

在敲诈了张倩后，孙凯又将目标瞄准了老实的刘建东。孙凯注册了一个叫"缘分"的微信号，把性别设定为女性，开始在网上勾引刘建东，可刘建东一直无动于衷。就在刘建东与妻子张倩吵架的那天晚上，孙凯的机会来了，刘建东竟主动约"缘分"见面。于是，孙凯便雇了一个失足女假扮"缘分"，将刘建东灌醉，还让其与刘建东发生了性关系，自己则偷拍了视频。随后，孙凯便拿着视频去找刘建东，并成功要到了3万元封口费。孙凯见刘建东给钱这般爽快，便想再多敲诈些，于是将备份的视频制作成了光盘邮寄给刘建东。这就发生了本案开头的那一幕，刘建东看见光盘很震惊，其后断然拒绝了孙凯再次要钱的无理要求。

案件真相大白后，最终法院以孙凯构成敲诈勒索罪，判处孙凯有期徒刑三年。

这件事过后，张倩很想修复与丈夫之间的关系，毕竟他们的孩子还很小，她希望孩子能有一个完整的家。不过这只是张倩的一厢情愿，刘建东却觉得两人已不可能和好如初了。刘建东开始很少回家，对张倩也常常冷言冷语。其实，张倩虽然想维系这段婚姻，但丈夫经不起勾引诱惑的事还是横亘在她心里，如今丈夫又对她试图和好的努力视而不见，还一副去意已决的态度。思前想后，张倩决定放弃这段婚姻，于是向法院起诉要求离婚。

在法庭上，张倩与刘建东两个人都同意离婚，但是两个人都想要孩子的抚养权。为了争取到抚养权，双方都提供了当初孙凯偷拍对方的录像，以此来证明对方有过错。

那么，刘建东和张倩两人提供的录像证据，法院会采纳吗？

### 律师说法：证据效力>>>

证据效力又称证据能力，指它在法律上的证明资格。根据我国民事诉讼法的相关规定，合法证据要想在法庭上能够作为证据证明案件的事实真相，必须满足以下三个条件：

一、客观性，客观存在的事实材料。

二、关联性，与待证事实相关。

三、合法性，按照法定要求和法定程序取得。

非法证据排除规则：主体合法，形式合法，收集合法，证据材料转化为诉讼证据的合法性。

偷拍、偷录的证据，没有侵害他人的合法权益的，是可以作为证据的。否则不能作为合法证据。

本案中，刘建东与张倩提供的录像，都是孙凯为了实施敲诈行为而违法偷录制作的不雅视频，很明显两份录像证据的来源均不合法，并且侵害了刘建东和张倩两人的合法权益，因此不具备证据效力。

**法条链接>>>**

● 《中华人民共和国民事诉讼法》

第六十三条　证据包括：

（一）当事人的陈述；

（二）书证；

（三）物证；

（四）视听资料；

（五）电子数据；

（六）证人证言；

（七）鉴定意见；

（八）勘验笔录。

证据必须查证属实，才能作为认定事实的根据。

第六十四条　当事人对自己提出的主张，有责任提供证据。

当事人及其诉讼代理人因客观原因不能自行收集的证据，或者人民法院认为审理案件需要的证据，人民法院应当调查收集。

● 《最高人民法院关于适用〈中华人民共和国民事诉讼法〉的解释》

第一百零六条　对以严重侵害他人合法权益、违反法律禁止性规定或者严重违背公序良俗的方法形成或者获取的证据，不得作为认定案件事实的根据。

　　法院经过审理认为，张倩与刘建东两人提供的录像证据都严重侵犯了对方的合法权益，均不合法，不被法院采纳。考虑到孩子年幼，最终法院把孩子的抚养权判给了张倩，刘建东每个月支付孩子抚养费 900 元，直至孩子年满 18 周岁为止。

　　案件结束后，张倩带着女儿独自生活，生活的艰辛她还能忍受，可每每听到女儿吵着要爸爸，她都心痛万分，她恨孙凯，是孙凯毁了她的家庭，但她更恨自己，是自己亲手葬送了原本幸福的婚姻。

　　离婚后，刘建东的生活也并不顺利，他被人色诱敲诈的事传得沸沸扬扬，同事和朋友都疏远了他，而其所在单位考虑到公司形象，最终辞退了刘建东。

　　张倩的遭遇虽然让人心痛，可这一切又能怪谁呢？婚姻的基础是爱情，维持长久的基础却是信任。张倩在对丈夫刘建东产生了不信任感后，不主动和丈夫进行良好沟通，却试图从其他途径了解丈夫的动向，最终不仅葬送了自己的清白，还毁了自己的婚姻。而刘建东虽然内心深处能够理解妻子，但却不善于向妻子表达自己的爱意和理解，自己最终被人算计，还为此丢了工作。

　　没有信任的婚姻就是一幢筑在沙滩上的城堡，随时都有可能倒塌。而要想婚姻永固，就要构建坚实的信任地基，只有地基牢固了，婚姻大厦才能长久屹立不倒。

# 雇凶之后

**关键词**　犯罪中止　诈骗罪　诈骗罪的量刑

2014年10月的一个周末，北方的一家购物商场里热闹非凡，处处洋溢着欢乐的气氛。而就在这和谐美好的场景中，突然人群里出现一阵骚动，只见人群中一位中年妇女跟一对年轻男女撕扯在了一起，中年妇女在撕扯过程中，嘴里还不停地辱骂着另外两人，可让人纳闷的是，无论中年妇女如何辱骂，另外两人都只是低着头躲闪，不愿意跟女子继续纠缠，他们想脱身，可却被女子死命拉住不放。看到这种情况，商场中有人报了警，很快民警赶到，将三人一并带走了。

这三个人到底是什么关系？他们为何会在大庭广众之下扭打在一起？

面对民警的询问，刚才骂不住口的中年妇女情绪不再像之前那样激动，反而有些紧张，她自称名叫何文静，说三人之间起争执完全是因为一个包，双方都想买，言语不和便吵了起来，最后还动了手。何文静话音刚落，那对年轻男女便随声附和，说他们的确是因为争着买包吵起来的，现在没事了，希望民警能放他们走。随后民警了解到，那对年轻男女是情侣关系，男的名叫曹阳，女的名叫小玉。听完三人的说辞，虽然办案民警觉得他们都有些遮遮掩掩，但并没有发现其他问题，于是把三个人教育了一番后，就让他们离开了。

民警原本以为这是一件再普通不过的治安案件，可几天后，民警突然收到了一封匿名信，拆开信一看，民警大吃一惊。到底是怎样的一封信，会让民警有如此反应？

原来，匿名信里是一张照片，照片里的女人手被反绑着躺在地上，满身是血，随同照片寄来的还有一张纸，上面只有一句话：曹阳杀了人。民警仔细一看，发现照片里的女人正是前几天在商场打架的年轻女孩儿小玉，而当时和小玉在一起的正是她的男友曹阳。难道说曹阳杀死了他的女朋友小玉？可是几天前这对情侣还恩爱有加，怎么短短几天男的就把女的给杀了？他们之间到底发生了什么？

人命关天，收到匿名信后，民警立即展开调查，然而当民警找到两人住的地方后，发现曹阳和小玉正在家里悠闲地看电视呢，两个人都好好的。随后，民警对他们进行了询问，两人都表示对匿名信和照片的事一无所知，至于谁是寄信人也是摸不着头脑。

民警随后带着疑惑离开，可民警心里总觉得有问题，难道这是一场恶作剧？可这个幕后人会是谁呢？民警突然想起了何文静，也就是前几天和曹阳、小玉两人在商场打架的那名中年妇女，难道是何文静对两人耿耿于怀，想借此给两人制造点麻烦？

为了验证猜测，民警将何文静笔录上的签名与匿名信的笔迹进行了鉴定，鉴定结论是，匿名信正是出自何文静之手。民警非常疑惑，何文静这么做难道就只是因为他们在商场吵了一架？可小玉那张满身是血的照片，何文静又是从哪儿得来的呢？

面对民警的询问，何文静一开始并不承认匿名信是自己写的，当看到笔迹鉴定报告后，她才交代了事情的缘由。

何文静介绍说，她是个全职太太，有一个10岁大的女儿，丈夫张鹏经营着一家不错的公司。她喜欢上网聊天，并在网上结识了曹阳，两人起初聊得很投机，由于她缺乏对隐私的保护意识，无意中将一些家庭重要信息告诉了曹阳，没想到曹阳竟起了歹意，向她索要30万元，否则就绑架她的女儿或丈夫。曹阳自称是杀手，身上背负着好几条人命，身边还有几个小弟。何文静说，她起初不相信曹阳有这个能耐，后来曹阳就给她发了一张照片，也就是民警收到的那张，一个女人倒在血泊里，惨不忍睹。考虑到家人的安全，何文静被迫转了 30 万元给曹阳。

随后，何文静向民警提供了自己给曹阳转款 30 万元的单据，以证明自己绝无虚言。何文静说之前她之所以没说实话，还假装不认识曹阳，主要是怕曹阳报复自己，她一再请求民警保护她及家人的安全。

听了何文静的讲述，民警意识到事情的严重性，如果何文静说的是真的，那曹阳已经涉嫌犯罪，于是民警很快再次将曹阳带到了派出所。面对民警的询问，曹阳矢口否认自己是杀手，更没有背负什么人命的事，何文静是血口喷人。可当民警拿出何文静提供的 30 万元转账凭证后，曹阳却支支吾吾不肯开口了。

民警决定加大侦查力度，可就在此时，突然接到群众报警，说在护城河里发现了一具女尸。民警随即赶到现场，当看到死者的面部时，民警个个惊得目瞪口呆，死者竟是何文静！经过尸检，何文静尸体上没有明显外伤，是溺水死亡，死亡时间已超过 24 小时。

何文静的突然死亡，给民警带来了极大的压力，何文静刚刚揭发了曹阳敲诈，案子还没破她却死了，是杀人灭口，还是另有隐情？

民警随即对何文静的死亡展开了调查。首先，民警找到何文静的丈夫张鹏了解情况。妻子突然死亡，张鹏看上去很悲痛，面对民警的询问，他介绍了自己的家庭情况。十多年前，在妻子何文静的鼓励和支持下，他开办了一家电器公司，两人没日没夜地努力工作，公司很快步入了正轨。后来妻子生了女儿，便在张鹏的劝说下离开了公司，从此专心在家照顾女儿。

张鹏对民警讲，这些年来，他和妻子的感情一直不错，一家人过得幸福美满。不过，最近这半年不知怎么的，妻子经常精神恍惚，晚上睡觉有时还会被噩梦吓醒，他总感觉妻子好像有什么事在瞒着他，不过几次询问妻子都说没事。现如今妻子却突然离开了他，张鹏说到这儿掉下了眼泪。

了解了何文静与丈夫张鹏的家庭情况后，民警围绕着何文静的社会关系展开了调查。

在走访过程中，民警从何文静的邻居口中得到了一个重要线索，在何文静死亡的前一天晚上，何文静与丈夫曾发生过激烈的争吵。难道何文静的死与丈夫张鹏有关？民警随即又找到张鹏，面对民警的询问，张鹏支支吾吾地说，妻子出事的前一天晚上，两个人确实发生过争吵。那天晚上他陪客户吃饭很晚才回家，到家后妻子不停地追问他和谁在一起吃的饭，他解释完后妻子却不肯相信，就这样两个人便吵了起来，后来他赌气离开了家，到附近的宾馆睡了一晚。第二天他就出差去了外地，因为还在跟妻子赌气，便一直没和妻子联系，没想到却得到了妻子死亡的消息。最后张鹏对民警说，上次他之所以没向民警说这件事，主要是怕民警误以为是他害死了妻子。

民警随后调取了宾馆的监控录像，并对张鹏的出差情况进行了查证，最终证实张鹏没有说谎，便排除了张鹏的作案嫌疑。

案件线索就此中断，民警又对案件进行了分析，事情怎么会这么巧，何文静刚揭发了曹阳就死了，莫非是曹阳杀人灭口？民警决定还是从曹阳处寻找突破口。

当曹阳从民警口中得知何文静突然死亡的消息时，表现得很意外，让他感到百口莫辩的是，民警竟怀疑是他找人杀死了何文静。曹阳知道故意杀人是要判死刑的，如果再不把事情真相说出来，他很可能会背上杀人的罪名。思来想去，曹阳向民警坦白了一切。

原来，年近30岁的曹阳是个无业游民，靠偶尔打打零工维持生活，更多的时候他都选择泡在网上，伺机寻找女网友骗吃骗喝，倒也没做过什么违法的事。一天，曹阳无意中看到了何文静发的一个找杀手的帖子，他突然眼前一亮，计上心来。曹阳先加了何文静为QQ好友，随后两人便聊了起来，曹阳时不时吹嘘自己有多暴力、多凶狠，还编了一些过去打打杀杀的事讲给何文静听。这天，何文静问曹阳能不能帮她杀个人？曹阳知道鱼儿上钩了，他假装镇静地问何文静是不是开玩笑。何文静在QQ上发来六个字"我必须让她死"，为了表达自己愤恨的心情，后面还特意加了5个感叹号。

这天，曹阳与何文静在一个咖啡厅相约见了面，何文静一边哭一边讲，她原本有一个幸福的家庭，丈夫疼爱她，女儿乖巧懂事。可一个叫小玉的女人出现后，丈夫就变了，不但对她和孩子不管不问，还经常夜不归宿。为了挽救自己的家庭，她便想要除掉这个可恶的女人。何文静承诺，只要曹阳能帮她杀死小玉，她愿意出 30 万元的佣金，她会先付 10 万元作为定金，事成之后再付尾款。

面对巨额的佣金，曹阳动心了，很痛快地答应了。一个月后，曹阳声称已经杀死了小玉，并将一张照片发给何文静作证明，照片上，小玉躺在地上，双手被反绑着，满身是血。收到照片后，何文静便如约将尾款 20 万元打进了曹阳的账户，之后两人再没任何联系。

听了曹阳的供述，民警大惑不解，既然曹阳声称已经杀死了小玉，为什么小玉非但没死还成了他的女朋友？

面对民警的讯问，曹阳反倒有些得意，脸上还露出一丝坏笑。他对民警讲，其实他并没有杀害小玉，其实是他骗了何文静。

原来，当初根据何文静提供的线索，曹阳对小玉进行了跟踪踩点，还准备了作案工具，伺机对小玉下手。可几次想要下手，他都拿不出杀人的胆量。然而通过一段时间的观察，曹阳发现小玉不但人长得漂亮，性格还开朗活泼，一来二去他竟喜欢上了小玉。为了追求小玉，曹阳用何文静先支付给他的那 10 万元，买各种礼物送给小玉，讨小玉欢心。后来，小玉就与何文静的丈夫断绝了关系，成了他的女朋友。

何文静迟迟没有等到曹阳的消息，就不停地催促曹阳早点下手。此时的曹阳犯了难，该如何向何文静交代呢？更重要的是，还有 20 万元钱没到手。想来想去曹阳觉得不能让到嘴边的肉跑了。于是他就征得了小玉的同意，在小玉的配合下，拍了一张小玉被杀现场的照片，然后发给了何文静。何文静看到照片信以为真，便把 20 万元汇给了他。

曹阳接着对民警讲，他本以为自己设计得天衣无缝，何文静永远不会发现。没想到那天他和小玉到商场里买东西，竟碰巧被何文静撞见了，何文静顿时恼羞成怒，跟两人扭打起来，后来三人还被带到了派出所。最后，曹阳信誓旦旦地对民警说，何文静的死确实与他无关，他真的没有指使别人杀害何文静！

听了曹阳的供述，民警马上将小玉也请到了派出所，小玉不得不承认她与曹阳合谋诈骗何文静的事实。

据小玉讲，父母在她很小的时候就离婚了，她一直跟随在外打工的父亲生活，生活很是拮据。每当看到别的女孩子穿着时髦，花钱大方，小玉心里就有些失衡。当初她应聘到何文静丈夫张鹏的公司后，见老板张鹏很有钱，而且出手也很大方，为了过上富足的生活，小玉凭借自己出众的姿色，故意接近张鹏。后来，两人便慢慢地发展成了情人关系。小玉曾多次要求张鹏与何文静离婚娶自己，可张鹏不是说孩子太小，就说父母一时接受不了，后来干脆故意回避这个话题。小玉见张鹏根本就无意娶她，只是玩玩而已，有些伤心难过，而就在此时，曹阳出现了。曹阳自称是富家子弟，在外地有家族企业，小玉见曹阳高大英俊，又出手阔绰，便对他有了几分好感。之后在曹阳猛烈的追求下，小玉向张鹏提出了分手，并要了一笔补偿费，就和曹阳在一起了。

后来，小玉逐渐了解到曹阳根本不是什么富家子弟，这让她又气又恨，不过面对曹阳的欺骗，小玉选择了原谅，因为她已经爱上了曹阳。而曹阳见小玉如此宽宏大度也十分感动，就把自己是何文静雇来的杀手，专门来杀掉她的事说了出来，小玉听后非常震惊，简直不敢想象，她竟和企图杀自己的杀手走到了一起。在惊恐的同时，小玉也非常气愤，心想："何文静，你也太狠了点吧，就算我破坏了你的家庭，你也不至于要我的命吧！"后来曹阳提出让小玉配合，照几张倒在血泊中的照片，骗取何文静的钱。小玉觉得这样也好，一方面可以报复一下何文静，另一方面自己也能分得些钱。于是她就答应了曹阳的请求，配合照了几张"假死"的照片。

至此，曹阳和小玉联手诈骗何文静的事算是弄清楚了，可这跟何文静的死是否直接有关呢？何文静到底因何而死？对此，曹阳和小玉两人都说不知道，民警只得再次找到张鹏了解情况。

面对民警的询问，张鹏承认自己确实和小玉保持过一段不正当的男女关系，他与妻子结婚多年后，慢慢地没有了激情，小玉的出现让他重燃激情，他便背着妻子，和小玉偷偷在一起了。虽然有了新欢，可张鹏知道他还是爱妻子的，对于小玉他只是一时冲动，从没想过离婚娶她，而且两人在一起没多久就分开了。

最后，张鹏伤心地对民警说："我已经知道妻子是怎么死的了。"民警听后一愣，只见张鹏拿出一个病历本和一个日记本递给了民警，说是在收拾妻子何文静的遗物时找到的。

民警打开病历本发现，何文静患有抑郁症，已经有半年多的时间了，并且病情越来越严重。而日记本上则翔实记录了何文静死亡的真实原因。

当初，何文静丈夫张鹏的公司正逐步壮大，还在外地成立了分公司，后来丈夫开始经常在外地留宿，打电话回家的次数也越来越少。丈夫的异常举动让敏感的何文静产生怀疑，猜测丈夫可能在外面有了新欢。这天，何文静决定到外地去探望丈夫，可她刚走到公司附近，就远远看见一个年轻女孩挽着丈夫张鹏的胳膊从公司里走了出来，两个人还有说有笑，然后一起开车走了。看到这一幕，何文静极度震惊，没想到丈夫竟然真的有了外遇。

何文静恨不得立刻冲过去质问丈夫，可她的两条腿却像灌了铅似的根本不听使唤瘫坐在了地上。等情绪稍微平复下来，何文静找了一家酒店住下，随后几天都在暗中跟踪调查丈夫和丈夫的情人，何文静逐步了解到，丈夫的情人名叫小玉，是丈夫在分公司招聘的女秘书，两人在一起已经有一段时间了。

得知真相后，何文静既生气又伤心，自己辛辛苦苦帮助丈夫创业、发展，到头来却成了一个被抛弃在家里的糟糠妻。何文静知道，如果现在她和丈夫大吵一架，那么两个人的婚姻很可能就此终结，她不想要这个结局，所以她决定在丈夫不知不觉中解决这件事。

思来想去，何文静觉得只有让小玉从丈夫身边彻底消失，这件事情才能了结。而以丈夫的千万身家，是很难用钱让小玉主动离开的，除非找人让她离开。于是，何文静想到了雇杀手，还在网上发了帖子，这才引来了曹阳。

曹阳不辱使命，很快就杀了小玉，还有小玉被杀的现场照片为证。何文静想着这下总算可以安心了，不想却自此陷入了恐惧，生怕警察找上门来。为此何文静夜里常常失眠，抑郁症也越发严重了。后来，何文静竟在逛商场时无意中发现小玉根本没有死，她被曹阳骗了，气愤不已的她立马上前大骂两人。

最后，何文静在日记中写道，现在警方已经找上门来，她雇用曹阳杀人的事很快就会败露，丈夫出轨的事也会被揭穿，到时她不但要坐牢，丈夫的事业也会受损，好好的一个家也就完了。想到这些，何文静十分害怕，不敢面对，最终患有严重抑郁症的她选择了自杀。

看完何文静的日记，民警这才明白，何文静初次面对民警时为什么不说实话，她是怕自己雇凶杀人的事败露，可她又不甘心就这样便宜了曹阳和小玉，所以才给派出所写匿名信，想以此来报复两人。

根据何文静的尸检报告和日记本等证据，民警最终确定何文静是自杀。

案件真相大白后，张鹏觉得自己才是害死妻子的真正凶手，他愧疚万分。曹阳和小玉也松了一口气，可依旧难逃法律的制裁，虽然何文静的死与他们无关，但他们的行为却构成了其他犯罪。

很快，检察院以曹阳涉嫌故意杀人罪、诈骗罪，以小玉涉嫌诈骗罪向法院提起公诉。读者可能要问了，曹阳并没有杀小玉，为什么还会涉嫌故意杀人呢？

**律师说法**：犯罪中止>>>

犯罪中止是指在犯罪过程中，自动放弃犯罪或者自动有效防止犯罪结果发生的，是犯罪中止。

犯罪中止存在两种情况：一是在犯罪预备阶段或者在实行行为还没有实行终了的情况下，自动放弃犯罪；二是在实行行为实行终了的情况下，自动有效地防止犯罪结果的发生。

本案中，曹阳接受何文静的委托，要杀害小玉，并为实施犯罪做了准备工作，何文静与曹阳此时已构成故意杀人罪。后来，曹阳在与小玉接触后，爱上了小玉，并主动放弃了杀害小玉。因此，曹阳涉嫌故意杀人的犯罪行为属于犯罪中止。而何文静由于已经死亡，按照法律规定不再追究她的刑事责任。

**法条链接>>>**

● 《中华人民共和国刑法》

第二十四条　在犯罪过程中，自动放弃犯罪或者自动有效地防止犯罪结果发生的，是犯罪中止。

对于中止犯，没有造成损害的，应当免除处罚；造成损害的，应当减轻处罚。

● 《中华人民共和国刑事诉讼法》

第十五条　有下列情形之一的，不追究刑事责任，已经追究的，应当撤销案件，或者不起诉，或者终止审理，或者宣告无罪：

……

（五）犯罪嫌疑人、被告人死亡的。

……

最终，法院经过审理，判决曹阳犯故意杀人罪（中止），免于刑事处罚。曹阳与小玉联手从何文静手中骗得 30 万元，构成诈骗罪，且数额巨大，两人均被判处有期徒刑四年三个月，并处罚金 8000 元。

**法条链接>>>**

● 《中华人民共和国刑法》

第二百六十六条　诈骗公私财物，数额较大的，处三年以下有期徒刑、拘役或者管制，并处或者单处罚金；数额巨大或者有其他严重情节的，处三年以上十年以下有期徒刑，并处罚金；数额特别巨大或者有其他特别严重情节的，处十年以上有期徒刑或者无期徒刑，并处罚金或者没收财产。本法另有规定的，依照规定。

● 《最高人民法院、最高人民检察院关于办理诈骗刑事案件具体应用法律若干问题的解释》

第一条　诈骗公私财物价值三千元至一万元以上、三万元至十万元以上、五十万元以上的，应当分别认定为刑法第二百六十六条规定的"数额较大"、"数额巨大"、"数额特别巨大"。

各省、自治区、直辖市高级人民法院、人民检察院可以结合本地区经济发展状况，在前款规定的数额幅度内，共同研究确定本地区执行的具体数额标准，报最高人民法院、最高人民检察院备案。

锒铛入狱的曹阳和小玉后悔不已，为了金钱他们不择手段，一个不惜想杀人，一个不惜献身，可到头来不但失去了自由，还毁掉了美好的前程，他们为此付出了沉重的代价。

案件结束后，张鹏非常自责，正是因为他，妻子才会整日郁郁寡欢，噩梦连连，最终不堪忍受，选择了自杀。看着整日哭泣的女儿，张鹏更是深感愧疚，而唯一能弥补亏欠的方式，就是今后更加用心地照顾好女儿。

张鹏因为婚外情，让他失去了妻子，毁了家庭，为此付出了沉重的代价。可何文静呢？如果她在发现丈夫出轨后，能够理智地去处理，而不是用违法犯罪的手段去解决，或许她也就不会因为过于惊恐，而搭上了自己的性命。婚外情对婚姻是有杀伤力，可更具杀伤力的却是夫妻双方在面对婚外情时的极端态度，多一分理智，婚姻就多一分保障；多一分疯狂，婚姻就多一分危险。

# 前夫的报复

**关键词**　牵连犯　非法持有毒品罪

2014 年 7 月的一天上午，在某食品公司上班的孙晓静正趴在电脑前给女儿选生日礼物，她是位单亲妈妈，收入微薄，难免囊中羞涩，所以在生活上总是精打细算，就连网购也要与店主好一番杀价。孙晓静正在与一家网店店主砍价时，她突然接到一家快递公司打来的电话，让她到城南接货点去取个邮包。孙晓静很纳闷，最近几天她并没在网上下过订单，会是谁寄来的邮包呢？莫非是上次那位店主一分钱没让，心里过意不去，补寄了一份小礼品？管他呢，白送的东西不要白不要。想到这儿，孙晓静就向值班经理请了假，骑上电动车直奔城南而去。

然而，到了接货地点，孙晓静取了邮包刚想返回，却被两位民警拦住了去路。民警亮明身份后，告诉孙晓静，她涉嫌犯罪，需要配合公安机关调查。说完就带着孙晓静和邮包一起上了警车。

到派出所后，民警打开了孙晓静的邮包，从里面取出一瓶亮晶晶的物品，让孙晓静解释。原来瓶子里装的竟是 20 多克冰毒！贩卖毒品可是要坐牢的，孙晓静马上联想到了电视里的缉毒场面，顿时吓出了一身冷汗。孙晓静的脑袋飞快地运转，她向来洁身自好，从未沾染过毒品，更不会主动去购买毒品，因此她断定这毒品绝不是自己买的。既然自己没买，那又是什么人寄给她的呢？

接着，民警向孙晓静讲明了毒品发现的经过，并一一核对证据。孙晓静一看，邮单上的姓名、地址、电话等全是自己的，一点没错，可她确信自己没有购买过毒品，认为一定是有人弄错了。民警经过核对证据，也未发现孙晓静有别的作案嫌疑，仅凭一份邮单上的个人信息还难以认定孙晓静实施了贩毒行为。

随后，民警指着寄件人的姓名，询问孙晓静是否认识寄件人，孙晓静一看名字，更是大吃一惊，寄件人叫许海峰，是她的未婚夫！"这不可能！"孙晓静脱口而出，对于未婚夫许海峰的品行，孙晓静有着多年深切的了解，她确定未婚夫绝对不会做出这种事。而且现在两人已经定好了婚期，马上就要结婚了，在这个节骨眼上，未婚夫给她寄毒品干什么？这不是没事找事嘛。孙晓静向民警讲明了这些情况之后，民警根据孙晓静提供的信息，马上找到了许海峰。面对民警的询问，许海峰矢口否认，说自己对整件事一无所知，因为邮包根本不是他寄的。另外，许海峰还说："我给孙晓静买东西，向来都是亲自交给她，从不通过邮寄的方式。"

为了弄清事情的真相，民警根据许海峰的陈述，又到快递公司调取了相关资料，核对了邮包的签名，结果证实许海峰没有说谎，签名不是许海峰的笔迹。这时，在外围取证的民警也回来了，调查证明，邮包寄出的当天许海峰人在外地，无法及时赶回，没有作案的时间。这都足以说明，给孙晓静寄毒品的不是许海峰，而是另有其人。

那么，究竟是谁给孙晓静寄的毒品？他的目的何在？为什么要冒用许海峰的名字？

排除了许海峰的作案嫌疑，民警进一步扩大调查范围，调取了当天快递公司的录像，让孙晓静仔细辨认，希望她能提供一些有价值的线索。在观看录像的过程中，一个男人的出现让孙晓静的情绪陡然一变，惊得半天没合上嘴。民警看到孙晓静吃惊的样子，马上锁定了目标。这个男人是谁呢？原来，这是一个孙晓静再熟悉不过的人，此人名叫杨猛，是孙晓静的前夫。这个杨猛到快递公司去做什么呢？又怎么会正巧出现在案发当天呢？

前夫和未婚夫在同一天里围绕一个案情出现，让办案民警顿感蹊跷。为了解开谜团，民警根据孙晓静提供的信息，很快找到了杨猛。

在询问过程中，杨猛一口否认自己当日曾给前妻孙晓静寄过邮包，说自己当天去快递公司是顺路，为了打听一下每天收货和发货的时间。因为女儿快过生日了，孙晓静不让他去给女儿过生日，他正准备给女儿寄一份生日礼物。

听了杨猛的解释，民警又调出了当天举报孙晓静的报警电话，杨猛拒不承认那个电话是自己打的。因为声音模糊，民警也无法确定，所以只好拿着录音找到孙晓静，让她帮助辨听。虽然电话里的声音有些模糊，但孙晓静与杨猛毕竟共同生活了四五年，仔细辨听之后，孙晓静确认这就是前夫杨猛的声音。

寄件人填的是孙晓静未婚夫的名字，报警人是孙晓静的前夫，围绕一包毒品，两个男人到底是怎么一回事呢？

在孙晓静的指证下，杨猛只好承认是自己报的警。当民警问到他是怎么知道邮包里有毒品时，杨猛说自己接到了一个陌生电话，是这个陌生电话提供的线索，他恨孙晓静不让他见女儿，于是怀恨在心，一气之下便报了警。

提供线索者是真的另有其人，还是杨猛在自编自导，故弄玄虚？对于杨猛这样敷衍的解释，民警没有轻易相信。随后，民警调出了杨猛递送邮包的镜头，还有杨猛在邮包上签名留下的笔迹。在证据面前，杨猛这才低下了头，承认是他作的案，并对事情的来龙去脉做了彻底交代。

原来，这个杨猛虽是孙晓静的前夫，却不是孙晓静的第一个恋人，孙晓静的第一个恋人正是现在的未婚夫许海峰。孙晓静和许海峰是一个公司的同事，开始时两人还在一个部门工作过，许海峰是公司的业务骨干，又像大哥哥一般照顾着孙晓静。孙晓静遇到什么困难，都喜欢向许海峰倾诉，找许海峰帮忙。由于两人互相关心、互相照顾，后来就发展成了恋人关系。但对于两人的婚事，孙晓静的父母坚决反对，理由是许海峰出身贫寒，家中拖累太多，又没钱买房。为此，两人的婚事拖了一年多。后来，许海峰因为担心再这样下去，会气坏两位老人的身体，也伤了孙晓静一家人的和气，思来想去，他答应两位老人，不再和孙晓静来往。就这样，两人被迫分了手。

分手后的孙晓静陷于苦闷之中，心情无法排解，心里有好多话却找不到倾诉的对象，在好长一段时间内，都是靠上网聊天打发日子。单位领导为了转移孙晓静的视线，将许海峰调到了另一个部门，并且经常出差在外，两人见面的机会也越来越少。同时，孙晓静在网上也认识了一些好友，多了一些谈心的对象。后来，她认识了一个叫杨猛的男网友，因为在同一个城市，两人见面后彼此感觉也不错，不久就发展成了恋人关系。

孙晓静为了尽快忘掉许海峰，就一直强迫自己多想杨猛的好，再加上孙晓静的父母见杨猛家庭条件不错，更怕孙晓静与许海峰旧情复燃，于是在父母不停地催促下，孙晓静和杨猛很快结了婚。

一年后，两人有了女儿。随着女儿的呱呱落地，家务活也越来越多，这让向来衣来伸手饭来张口的杨猛有点吃不消了。而孙晓静一个人没日没夜地带孩子、操持家务，时间一长，难免也会发发牢骚，而杨猛原本就窝火，因此两人之间不愉快的事便时有发生。有一次两个人因为一点小事竟吵到大半夜，杨猛还伸手打了孙晓静。孙晓静觉得杨猛太过分了，不心疼自己也就罢了，竟然还对自己动手，她越想越生气，干脆赌气抱着孩子搬到了另一间卧室，从此两个人开始了分居的生活。

孙晓静平时累完一天，总想早点把孩子哄下，然后赶快休息一下，但是每当她听到隔壁杨猛的阵阵鼾声，却又气得睡意全无。孙晓静心想，好你个杨猛，你倒悠闲自在，不管孩子、不管家务，每天在外面潇洒够了回家就呼呼大睡，难道孩子是自己一个人的吗？每当这时，无助的孙晓静就会想起初恋情人许海峰，实在睡不着时，就会在微信上跟许海峰聊会儿天，倾诉一下心里的苦楚。让孙晓静没想到的是，后来有一天，杨猛竟偷偷地翻看了她的手机，并发现了她跟许海峰偷偷聊天的秘密。接下来，两人自然又是一场大闹。

此后的杨猛，不仅不做家务，而且还经常摔摔打打、指桑骂槐，孙晓静忍了又忍，让了又让，常常半夜醒来还哭上一阵。而就在一天夜里，正当孙晓静似睡非睡的时候，忽然收到许海峰发来的一条信息，问她最近过得怎样，孙晓静心事翻滚之时，不禁回复信息，向他诉说了这些天发生的事。许海峰听后又是好一番劝说，好一番安慰。而就在两人热聊之时，没想到杨猛竟突然闯了进来，一把夺过孙晓静的手机，大声指责孙晓静对他不忠。孙晓静气恼地说："你也太过小心眼了，连话都不让人说。"就在两人互相指责之时，杨猛又一次出手打了孙晓静，并气愤地提出了离婚。

就这样，在杨猛的主动提议下，孙晓静和杨猛协议离婚。协议商定：除房产外，家中的其他财产归孙晓静所有，女儿由孙晓静抚养，杨猛每月支付孩子抚养费 800 元，办好离婚手续后，孙晓静就带着女儿离开了家，并在外租房居住。

离婚后的孙晓静，又要交房租又要抚养女儿，生活很是拮据。而杨猛每到给抚养费时，却又总是找借口拖延。多亏有初恋男友许海峰和其他同事们的周济，孙晓静母女的生活才勉强过得去。对比之下，孙晓静越发对许海峰心存感激，对杨猛则更加来气。她想：杨猛你也太不是东西了，孩子毕竟也是你的骨肉，你这样做，吃苦的可不只是我孙晓静，还有孩子。每想到此，孙晓静就对杨猛恨得咬牙切齿。

就这样，孙晓静一个人带着孩子过了半年。这天，杨猛突然找上门向孙晓静认错来了，说自己后悔了，希望和孙晓静复婚。而孙晓静呢，在困难的生活中，非但没有产生对杨猛的想念，反而更增加了对他的愤怒。孙晓静认为，杨猛想打老婆就打老婆，想不给孩子抚养费就不给，根本就不是个合格的丈夫和父亲，她现在已经很清楚地认识到了这点，因此一口回绝了杨猛的复婚请求。

没想到过了几天，杨猛又来找孙晓静，说想孩子了，希望带女儿回家住上一段日子。听到杨猛这话，孙晓静更来气了，心想：当初让你给抚养费时，你怎么不想孩子，现在你想孩子了，竟还想将孩子带走，亏你说得出口！孙晓静说什么也不答应，后来被杨猛纠缠急了，她气愤地说："女儿根本就不是你的！"孙晓静之所以这么说，只是想气气杨猛，其实孩子就是杨猛的。可就是这句话，把杨猛气得差点儿昏厥过去。杨猛愤恨地说道："好哇，你个孙晓静，怪不得你这么绝情，原来你跟许海峰早就生米煮成熟饭了。"杨猛说罢，气呼呼地转身离开了孙晓静的住处。

就这样，孙晓静独自带着孩子过了一年多，在这期间，孙晓静跟许海峰的接触比以前增多了，遇到大事小事，孙晓静都爱找许海峰商量，许海峰也从不推辞，总是积极地帮助孙晓静解决工作和生活中的困难。无事闲聊的时候，许海峰除了经常鼓励孙晓静振作起来，勇敢面对生活，更多的是和她谈论怎样教育好孩子。而一有闲暇，许海峰就会来探望自己和女儿，看到女儿跟许海峰的亲热劲儿，孙晓静常常暗想，要是女儿有许海峰这样一位爸爸该多好啊！每想到这些，孙晓静脸上总是流露出一抹红晕，这让她不敢直视许海峰的目光。

有一天，许海峰给孙晓静的女儿送来礼物，女儿非常高兴，亲热地和许海峰搂在一起，孙晓静再也顾不了许多，也把身子靠了过来。当晚，一对有情人相拥而泣，孙晓静这才知道，这些年来，许海峰过得比她还要凄苦。许海峰一直认定，谁也无法取代孙晓静在他心里的位置，他的爱一直都在孙晓静身上没有离开过，这便是他一直过着单身生活的重要原因。所以，每当得知孙晓静受苦，尽管他嘴上安慰孙晓静遇事宽心，可他心里却比针扎还难受。因为他一不能代替孙晓静受苦，二又不能劝孙晓静离婚，只能眼睁睁地看着心爱的女人忍受生活的煎熬。了解了这些后，孙晓静长哭不止。此时的她不再顾虑父母的反对，执意要与许海峰白头偕老，而许海峰也发誓与孙晓静此生不离不弃。就这样，一对旧恋人又续上了前缘，并很快订下了婚期。

孙晓静要和许海峰结婚的消息很快就传到了杨猛的耳朵里，得知前妻果真与初恋情人走到了一起，杨猛觉得这正好验证了他之前的怀疑，心想，好你个孙晓静，怪不得你一直对我不理不睬，敢情你早已经移情别恋了。还有许海峰，要不是他一再勾引，孙晓静也不会这么快就变心，两人更不会走到离婚的地步。此时的杨猛对前妻和许海峰已经恨得咬牙切齿。对妻子背叛的恼火，对许海峰的夺妻之恨，又恨又恼叠加在一起，杨猛心里无法忍受，决定要报复他们。

　　杨猛最初想制造一起凶杀案，但他又一想，如果杀掉孙晓静和许海峰，自己也免不了牢狱之灾，到时孩子怎么办？他想来想去，把孩子留给谁都不放心，所以他强忍怒火，只好放弃了这个打算。该用什么办法既可以出了这口恶气，又能避开法律制裁呢？此后一个多月，杨猛开始留意刑事案件信息，希望从中能找到灵感。一天，他在小报上看到一则新闻，顿时让他眼前一亮，小报上说，非法携带毒品海洛因 50 克以上者，就可以判处 15 年以上有期徒刑。

　　杨猛当时就想，自己既然不能制造凶杀案，但却可以让孙晓静和许海峰两人不明不白地成为毒贩，到时候让他们有嘴说不清，一定会被判个十年八年的。等他们一入牢房，孩子就可以回到自己身边了。想到孩子，杨猛又想起了孙晓静说孩子不是他的话了，他心想等孩子回到自己身边后，他一定要先跟孩子做个亲子鉴定，如果孩子是自己的，他自然会倍加疼爱，但如果孩子不是自己的，他一定不会管孩子的，正好让孙晓静也尝尝挂念孩子的滋味！

　　想到这些，杨猛心中的怒火好像找到了喷发口，滋滋乱窜的火苗开始往这一个点上集中。杨猛开始寻找毒品来源，他在网上到处打听，终于有一天，他接到一个陌生电话，说可以为他提供毒品。杨猛也不管信息是真是假，马上按对方提供的账号汇去了钱，没想到几天后竟真的收到了 20 多克冰毒。

　　收到毒品后，杨猛又惊又喜，惊的是他总感觉心里空落落的，睡觉都睡不踏实，虽然他认为做的神不知鬼不觉，可毕竟是冒着犯罪的风险。喜的是现在万事俱备，只等他下手了，只要他把邮包往快递公司一送，就会让孙晓静和许海峰两人吃不了兜着走。杨猛想，既然毒品都买了，干脆一不做，二不休，索性干到底，再说背叛之恨不消，夺妻之仇不报，他还有什么脸面活在世上！

　　随后，杨猛便到了快递公司，将从网上买来的毒品，邮寄给了孙晓静，并在寄件人的签名处写上了许海峰的名字，这是他的一箭双雕之计。做完这些，杨猛随即离开了快递公司，拿出在小摊上用假身份证号买来的手机卡，拨通了报警电话。接着便发生了本案开始的那一幕，孙晓静去取邮包，却被民警以涉嫌买卖毒品带走了。随后，民警抽丝剥茧最终将幕后黑手杨猛缉拿归案。

案件真相大白后，孙晓静哭笑不得，她当初说女儿不是前夫杨猛的，只是一句气话，没想到前夫竟信以为真了。而当杨猛得知女儿确实是自己的后，肠子都悔青了。

很快，检察院以杨猛涉嫌非法持有毒品罪向法院提起公诉。

在法庭上，杨猛坚决否认自己构成非法持有毒品罪。他辩称，他购买毒品，是为了陷害前妻和许海峰，毒品只是他陷害别人的工具，而不是他行为的最终目的，所以他的行为应该算是诬告陷害罪。原来杨猛也从律师那里得知，诬告陷害罪在量刑上比非法持有毒品罪要轻一些。那么杨猛的说法站得住脚吗？

### 律师说法：牵连犯>>>

牵连犯是指罪犯出于一个犯罪目的，实施数个犯罪的行为。而数个行为之间又存在着手段与目的或者原因与结果的牵连关系，并分别触犯数个罪名的犯罪状态。对于牵连犯，除我国刑法已有规定的以外，要实行从一重罪论处，就是按其中最重的那一条罪名给罪犯定罪。牵连犯在我国刑法条文中虽然没有明文规定，但在司法实践中却经常涉及。

本案中，杨猛为报复而陷害孙晓静和许海峰两人，他采用以毒品作为两人"犯罪证据"的方法，意图使两人受到刑事追究，杨猛的行为已构成诬告陷害罪。同时，杨猛因为非法持有毒品，又构成了非法持有毒品罪。因此，杨猛的行为属于牵连犯罪，应择一重罪，按非法持有毒品罪定罪处罚。

### 律师说法：非法持有毒品罪>>>

非法持有毒品罪，是指明知是鸦片、海洛因、甲基苯丙胺或者其他毒品，而非法持有且数量较大的行为。

本案中，杨猛购买毒品的目的虽不是自用，但其购买毒品的行为却已构成了非法持有毒品罪。

**法条链接>>>**

● 《中华人民共和国刑法》

第三百四十八条　非法持有鸦片一千克以上、海洛因或者甲基苯丙胺五十克以上或者其他毒品数量大的，处七年以上有期徒刑或者无期徒刑，并处罚金；非法持有鸦片二百克以上不满一千克、海洛因或者甲基苯丙胺十克以上不满五十克或者其他毒品数量较大的，处三年以下有期徒刑、拘役或者管制，并处罚金；情节严重的，处三年以上七年以下有期徒刑，并处罚金。

最终，法院经审理判决杨猛犯非法持有毒品罪，判处有期徒刑一年六个月，并处罚金 2000 元。

案件结束后，许海峰与孙晓静举行了婚礼，一对有情人终成眷属。婚后，许海峰对孙晓静的女儿非常疼爱，而且在许海峰的劝说下，孙晓静偶尔也会带着女儿到监狱里去探望前夫杨猛。杨猛在监狱里度日如年，当然他也深知是自食其果。


一场离婚纠纷结束后，夫妻双方本可以就此相安无事，当然存在一时解不开的心结是可以理解的，但情绪归情绪，离婚协定还是要遵守的。本案中，杨猛未按协定如期付抚养费，而孙晓静因此赌气拒绝杨猛看女儿，两人都没有遵守协定。而受法律保护的协定，一方不遵守，另一方可以提起诉讼，切不可像本案中的杨猛那样，在探望孩子受到阻止时，不能冷静理智地去处理，而是采取违法犯罪的过激手段进行报复，最终却把自己送进了监狱，为此付出了沉重的代价。

# 醉酒之后

**关键词**　妇女无意识状态下的强奸　盗窃数额较大如何量刑

2012 年 1 月 8 日，这天对于王小丽来说是黑色的一天。这天早上当王小丽醒来时，她惊讶地发现自己没睡在家里，而是躺在了医院的病床上，旁边还有一位女护士用怪怪的眼神看着她。王小丽疑惑地问护士自己怎么会在医院里？"你昨晚喝多了。"护士冷冰冰地回答道，说完转身就走了。王小丽这才想起来，昨晚她去酒吧喝酒了，可之后她怎么会到医院了呢？这时王小丽突然感到下体有些疼痛，她顿时有了一丝不祥的预感。

主治医生来了，王小丽赶忙追问自己是怎么到的医院，医生告诉她说，昨天晚上有一个路人在市中心广场上发现王小丽赤身裸体地躺在地上，衣服零散地放在一旁，满身酒气，路人随即拨打了医院的急救电话，随后急救车赶到，将王小丽接到了医院。医生的话如同五雷轰顶一般，让王小丽羞愧不已，她恨不得找个地缝钻进去。

王小丽怎么会一丝不挂地躺在广场上呢？昨晚到底发生了什么？

等医生讲完后，王小丽突然疯了似的跑出医院，跑在大街上的王小丽总感觉街上的人都在偷偷地看着她、嘲笑她。王小丽径直来到一家房地产开发公司，她推开经理室的门走了进去，一个西装革履的男人正端坐在办公桌前，这个男人名叫刘伟，是这家公司的项目经理。当刘伟看到王小丽突然闯了进来，立马吃惊地站了起来，还没等他反应过来，气喘吁吁的王小丽便用手指着他哭着说："刘伟，你怎么能这样对我？你让我今后还怎么见人呀！"说完王小丽号啕大哭起来。刘伟被眼前的一幕搞晕了，站在那里不知所措。

过了一会儿，王小丽擦了擦脸上的泪水，委屈地质问刘伟道："你昨晚占了我的便宜后，为什么将我赤身裸体地丢在广场上？"刘伟听后惊讶得半天说不出话，他随后解释说："昨天晚上我们从酒吧出来后就各自回家了，你之后有什么遭遇我根本不知情。"见刘伟不认账，王小丽伤心至极，后悔看错了刘伟，大骂道："刘伟，你这个敢做不敢当的懦夫！"随后王小丽将手伸向刘伟，让刘伟将她的手机和包还给她。刘伟见王小丽不但到自己公司无理取闹，还侮辱自己，他的情绪一下子激动起来，恼怒地对王小丽说："我没有拿你的任何东西，你赶紧给我滚出去！"看着眼前这个既骗财又骗色的男人，王小丽气愤不已，转身摔门离去。

　　王小丽一想到自己的遭遇，眼泪就止不住地往下流。那么，王小丽和刘伟到底是什么关系？她为什么会认为她昨晚的遭遇就是刘伟所为？这还要从半年前两人的相识说起。

　　从 2011 年夏天开始，王小丽疯狂地迷上了微信，一有闲暇就拿起手机来摇一摇。一天，王小丽摇到了一个名为"潇洒哥"的男人，而此人正是刘伟。在随后的接触中，王小丽觉得她与刘伟两个人性格相投，她越来越期待能与刘伟做现实中的朋友。

　　一天晚上，王小丽趁丈夫到外地出差，与刘伟相约在一家酒吧见面。初次见面，刘伟表现得彬彬有礼，说起话来也幽默风趣。刘伟身上成熟稳重的气质一下子就博得了王小丽的好感，两人一边喝酒一边聊天，王小丽非常开心。刘伟向王小丽倾诉了他在婚姻中的不如意，据刘伟说，他与妻子感情一直不合，之所以没离婚，全是为了给孩子一个完整的家。听着刘伟的诉苦，王小丽不免想到了自己的婚姻。

　　原来，王小丽的婚姻也并不幸福，她和丈夫是经人介绍相识的，两人当时都属于大龄男女，在家人的催促下，两人相识没多久就结了婚，由于婚前缺乏了解，婚后两人经常因为家庭琐事发生争吵。王小丽的丈夫从事销售工作，由于工作需要经常出差在外，因此王小丽常常独守空房，这让她时常感到孤独和寂寞。刘伟的出现让王小丽孤寂的心灵得到了些许安慰，两个感情失落的人，很快就被感情冲昏了头脑，突破了朋友底线，成为了情人。

而就在昨晚，王小丽和刘伟两人还在酒吧里约会，当时王小丽很高兴，喝了很多酒，什么时候出的酒吧都不记得了。不过王小丽确信当晚一直都只有刘伟陪着她，除了刘伟没有第二个人有机会伤害她，因此她断定当晚占她便宜，把她赤裸丢在广场并拿走她财物的人，一定是刘伟。可刘伟却不承认是自己所为，这让王小丽非常气愤，她决定要教训一下刘伟。拿定主意后，王小丽到派出所报了案，称刘伟强奸了她，还偷走了她的手机和包。随后，王小丽向民警讲述了她昨晚的经历。

原来，昨天是王小丽的生日，丈夫出差在外，连句问候的话都没有，而情人刘伟却给她发来了信息，当她打开信息时，手机屏幕上是无数朵红玫瑰，最下面还写着：生日快乐！爱你的伟。王小丽把手机放在胸口，感动得流下了眼泪。情人的浪漫与丈夫的冷漠形成了巨大反差，王小丽决定要跟情人刘伟一起过生日，随后两人相约晚上在酒吧会面。当晚，王小丽打扮得格外漂亮，心情也非常好，一见刘伟面就扑到了他怀里。王小丽之后跟刘伟频频举杯庆贺生日，不大会儿就喝得酩酊大醉，至于当晚喝了多少酒，何时离开的酒吧，之后又发生了什么事，她都不记得了，直到第二天从医院醒来后，她才从医生那里得知昨晚被人赤裸地丢在了广场。因为浑身赤裸，下体又疼痛，王小丽断定昨晚一定有人趁她酒醉时强暴过她，还拿走了她的财物，而她怀疑的对象就是刘伟，因为昨晚她只记得跟刘伟在一起过。

民警随后找到刘伟了解情况，刘伟在得知王小丽报案告他强奸后，愤怒不已，指责王小丽诬告他，继而向民警讲述了昨晚发生的一些事。

据刘伟供述，昨晚两人相约在酒吧见面，为的是给王小丽庆祝生日，王小丽因为高兴喝多了酒，后来他见王小丽已喝得不省人事了，便想着送她回家，不想因为时间太晚了，妻子一再催促他回家，他不得已只好帮王小丽叫了辆出租车，并把王小丽的住址告诉了出租车司机，还给了司机50元车钱。看见拉着王小丽的出租车离开后，他才坐车回的家。民警询问刘伟当晚是否与王小丽发生过性关系，刘伟对此矢口否认，并信誓旦旦地对民警说："昨晚上虽然我也喝多了，但我的意识还清醒，可以保证绝对没有和王小丽发生过性关系。"当民警又询问刘伟有没有拿王小丽的手机和包时，刘伟又矢口否认，并说："我和王小丽本就是情人关系，要想发生关系很简单，用不着先把她灌醉，再实施强奸。"民警觉得刘伟的话有道理，如此推断，当晚和王小丽发生关系，并偷走王小丽财物的人可能不是刘伟。

不过，尽管刘伟否认当晚与王小丽发生过性关系，可当晚只有他和王小丽在一起，所以他的嫌疑最大。于是，民警用刘伟的体液与在王小丽的内衣上提取到的男人精液进行了鉴定。几天后鉴定结果出来了，遗留在王小丽内衣上的精液并不是刘伟的，也就是说，当晚趁王小丽酒醉和她发生性关系的人并不是她的情人刘伟。王小丽看到鉴定结果后，整个人瘫坐在了地上，而得知这一结果的刘伟却长松了一口气。

既然不是情人刘伟，那当晚与王小丽发生性关系的又会是谁呢？莫非是载王小丽回家的出租车司机？

民警先是调取了酒吧门口的监控，锁定了拉载王小丽的出租车，后又根据车牌号找到了该车的司机。出租车司机向民警讲述，当晚凌晨左右，确实有一个喝醉了酒的女人乘坐他的车，经过他辨认，那个女人正是王小丽。当时他开车拉着王小丽，在车行驶到市中心广场时，王小丽因为喝醉酒要呕吐，他担心王小丽把脏东西吐到车里，便把车停在了马路边上。王小丽下车后就坐在了广场的台阶上，双手抱着头趴在腿上。过了一会儿，他想把王小丽拽上车，可拽了好几次，王小丽说什么也不上车，最后他没办法，就自行开车离开了。因此，此后王小丽经历了什么，他一无所知。

虽然出租车司机说得毫无破绽，为谨慎起见，民警还是拿他的体液与王小丽内衣上遗留的精液做了鉴定。经鉴定证实，精液也不是出租车司机的，就此出租车司机的作案嫌疑也被排除了。

案件线索就此中断，而就在案件陷入僵局之时，公安局通过技术侦查手段，锁定了一个叫李阳的人，并将其列为了重点嫌疑人。

为了尽快侦破案件，民警兵分两路，一路人马查找李阳的下落，另一路人马对案发现场周边进行走访调查。

民警从李阳的母亲处了解到，李阳很小的时候他的父亲就去世了，为了弥补李阳缺失的父爱，李阳的母亲对李阳倍加宠爱，一切都由着李阳的性子来，这让李阳自小就很任性。上高中时，李阳结识了几个社会上的小混混，自此便整日和那些人待在一起，成天惹是生非，经常干一些偷鸡摸狗的事，李阳的母亲曾多次劝说李阳，希望他改邪归正，可李阳根本听不进去。再后来李阳干脆就不再去上学了，连家也很少回。李阳的母亲急切地问民警："我儿子是不是犯什么事了？"在她的一再追问下，民警便将李阳涉嫌强奸的事告诉了她。李阳的母亲听后非常震惊，一再声明不可能，在她看来，虽然儿子有些不听话，但本性不坏，像这种伤天害理的事，儿子是绝对做不出的。

民警随后通过李阳母亲提供的李阳的手机号码，锁定了李阳所处的大体位置，后经仔细搜捕，民警最终在一出租屋内将李阳抓获。

面对民警的讯问，李阳矢口否认曾对王小丽实施了强奸，并声称当晚他一直在出租屋内睡觉。随后，民警将李阳的体液与王小丽内衣上遗留的精液进行了鉴定，结果证实精液正是李阳的。面对鉴定结果，李阳不得不承认，当晚他和王小丽确实发生过性关系，但李阳却坚决否认强奸，因为当晚是王小丽主动的，两个人是你情我愿，他并没有强迫王小丽，而之前他之所以说谎，主要是怕王小丽知道后赖上他。

民警分析后认为，鉴定结果虽然能够证明李阳和王小丽发生过性关系，但却没有证据证明王小丽受到过李阳的强迫。此时的王小丽坚决否认自己会主动与一个陌生人发生性关系，她认为一定是李阳趁她酒醉强奸了她。

李阳说两人是你情我愿，而王小丽却认定是李阳强奸，两人各执一词，那么真相究竟是怎样的呢？

就在此时，另一路民警传来了重要信息，正是这个信息让案件最终告破。原来，案发现场附近有一家银行，银行外面的一个监控正好拍下了案发当时的整个过程。监控录像显示，当天晚上李阳先是把王小丽的包拿走，可之后没过多久他又回到了王小丽身边，随后李阳推了王小丽几下，见王小丽没有任何反应，他便将其抱到了广场的墙角处，然后脱掉了王小丽的衣服，之后便与其发生了性关系。让观看录像的民警感到奇怪的是，当时王小丽不但没有反抗，还有些迎合李阳，录像中赤裸的王小丽用胳膊抱住了李阳的脖子，表现得非常甜蜜。

随后，民警再次提审了李阳，在大量证据面前，李阳无从狡辩，只好如实交代了当晚他作案的整个经过。原来，当晚李阳在网吧上网，到凌晨一点多才从网吧出来，正准备回出租屋的他在经过市中心广场时，正好看见王小丽独自坐在广场的台阶上，身旁还放着一个女士包。李阳轻轻地走到王小丽身边，一股浓烈的酒气扑面而来。李阳想着最近手头紧，正好需要找点钱花，而此时王小丽又大醉不醒，于是他便趁机偷偷地拿走了王小丽的包。就在李阳拿着包往出租屋走时，突然一股寒风向李阳吹来，他打了一个寒战，此时他忽然想到了独自一人坐在广场的王小丽，心想这么冷的天，王小丽穿得那么单薄，真要是在广场上坐一晚，一定会被冻坏的。想到这儿李阳又返回了市中心广场，他走到王小丽身旁，用手推了推王小丽想要叫醒她，可王小丽竟毫无反应。李阳便想要寻找王小丽的手机，并通知王小丽的家人，可当他打开王小丽的包时，几千元现金立刻出现在了他眼前。而就在这时，王小丽柔软的身体侧身要倒下来，李阳赶紧抱住了王小丽。此时李阳的心"怦怦"乱跳，看到怀里面容姣好的王小丽，李阳脑海里顿时产生了一种强烈的占有欲。见广场四处无人，李阳遂把王小丽抱到了广场的墙角处，然后与王小丽发生了性关系。事毕，李阳非常害怕，想赶紧逃离，便没顾得上给王小丽穿上衣服，就慌里慌张地拿着王小丽的包跑回了出租屋。

最后，李阳向民警供述，当时王小丽并没有反抗，嘴里还不停地喊着刘伟的名字。原来，当晚酒醉后的王小丽误将李阳当成了她的情人刘伟，难怪当时王小丽非但没有丝毫反抗还有些迎合着李阳。

民警随后在李阳的出租屋内找到了王小丽的包和手机。

案件终于真相大白，李阳的母亲做梦也没想到，她的儿子竟真的变成了强奸犯。王小丽更是后悔不已，如果当晚她没有喝那么多酒，她也就不会被李阳强奸。刘伟因为没有将喝醉酒的王小丽亲自送回家，致使王小丽被出租车司机丢在广场，继而又遭李阳强奸，对此他深感内疚，觉得对不起王小丽。

很快，检察院以涉嫌盗窃罪、强奸罪将李阳起诉到法院，王小丽也向法院提起了刑事附带民事诉讼。

在法庭上，被告人李阳对盗窃王小丽财物的犯罪事实供认不讳，但李阳否认自己构成强奸罪，李阳辩称当时他与王小丽发生性关系时并没有使用暴力，也没有威胁，更重要的是王小丽根本没有反抗，是王小丽自愿的，当时王小丽还用胳膊抱着他的脖子。那么李阳在这种状况下的行为是否构成强奸罪呢？

### 律师说法：强奸罪>>>

强奸罪是指违背妇女意志，使用暴力、胁迫或者其他手段，强行与妇女发生性交的行为，或者故意与不满14周岁的幼女发生性关系的行为。

很多人认为，只有使用暴力、胁迫的手段，强行与妇女发生性交的，才构成强奸罪，而恰恰忽视了强奸罪中的其他手段。所谓其他手段，是指采用暴力、胁迫以外的使被害妇女不知抗拒或者不能抗拒的手段，具有与暴力、胁迫相同的强制性质。司法实践中常见的其他手段有：用酒灌醉或者药物麻醉的方法强奸妇女；利用妇女熟睡之机进行强奸；冒充妇女的丈夫或者情夫进行强奸；等等。

强奸罪在客观上表现为使用暴力、胁迫或者其他手段，使妇女处于不能反抗、不敢反抗、不知反抗状态或利用妇女处于不知、无法反抗的状态而趁机实行奸淫的行为。

本案中，首先李阳并不认识王小丽，案发当晚王小丽喝醉酒后一个人坐在市中心广场上，而李阳在看到王小丽喝醉后，将王小丽抱到广场的墙角处，强行脱掉王小丽的衣服，当时王小丽已丧失清醒意识，正处于不知反抗的状态，李阳正是利用了王小丽不知反抗的状态而趁机奸淫了王小丽。虽然王小丽当时用胳膊抱住了李阳，但那是因为醉酒后的王小丽误把李阳当成了她的情人刘伟，而这并不影响李阳构成强奸罪。

**法条链接**>>>

● 《中华人民共和国刑法》

第二百三十六条 以暴力、胁迫或者其他手段强奸妇女的，处三年以上十年以下有期徒刑。

奸淫不满十四周岁的幼女的，以强奸论，从重处罚。

强奸妇女、奸淫幼女，有下列情形之一的，处十年以上有期徒刑、无期徒刑或者死刑：

（一）强奸妇女、奸淫幼女情节恶劣的；

（二）强奸妇女、奸淫幼女多人的；

（三）在公共场所当众强奸妇女的；

（四）二人以上轮奸的；

（五）致使被害人重伤、死亡或者造成其他严重后果的。

法院经审理认为，被告人李阳在被害人王小丽醉酒失去意识的情况下，强行与被害人王小丽发生性关系，其行为已经构成强奸罪。另外，被告人李阳以非法占有为目的，窃取被害人王小丽的手机和钱包等财物，其行为也已经构成盗窃罪，依法应予以数罪并罚。

**律师说法**：盗窃罪>>>

盗窃罪是指以非法占有为目的，盗窃公私财物数额较大或者多次盗窃、入户盗窃、携带凶器盗窃、扒窃公私财物的行为。

本案中，李阳将原本属于王小丽的财物拿回家中据为己有，其行为明显已经构成盗窃罪。

依据相关法律规定，盗窃数额较大，法定刑在三年有期徒刑以下的量刑标准：1000元以上不满2500元的，处管制、拘役、有期徒刑六个月或单处罚金；2500元以上不满4000元的，处有期徒刑六个月至一年；4000元以上不满7000元的，处有期徒刑一年至二年；7000元以上不满10000元的，处有期徒刑二年至三年。

据民警核实，王小丽包内共有现金3000余元，手机折合人民币约为3000元，总数额高于4000元，但不满7000元。

最终法院判决，被告人李阳犯盗窃罪，判处有期徒刑二年，并处罚金5000元；犯强奸罪，判处有期徒刑七年。数罪并罚，决定执行有期徒刑八年，并处罚金5000元。同时，法院判处被告人李阳赔偿被害人王小丽医疗费、误工费等各项经济损失3000元。

案件就这样结束了，年纪轻轻的李阳因为一时冲动成了强奸犯，银铛入狱。李阳的母亲为自己失败的家庭教育感到深深自责，后悔不该一直太过纵容儿子。

尽管李阳被判了刑，但王小丽仍咽不下这口气，她认为情人刘伟和出租车司机也有不可推卸的责任，于是她一纸诉状将刘伟和出租车司机告上了法庭。

接到诉状后，刘伟认为他确实对不起情人王小丽，如果当初他亲自把王小丽送回家，后面的悲剧就不会发生。而出租车司机，也认识到半路把醉酒的王小丽扔在路边，确实是不负责任之举。

后来在法官的主持下三方达成调解协议，刘伟和出租车司机各赔偿王小丽精神抚慰金1万元，王小丽最终表示同意法官的调解。

事情结束后，王小丽的事被传的满城风雨，王小丽的丈夫因无法承受社会舆论的压力，最终与王小丽离了婚。而王小丽实在无颜再见亲朋故旧，选择离开了自幼生活的城市。

"酒友"之间存在着劝阻、帮助、照顾的附随义务，本案中，刘伟没有将喝醉酒的王小丽送到安全地点，没有尽到照顾义务，承担相应的法律责任无可厚非。而王小丽与丈夫感情不和，她完全可以与丈夫离婚，重新选择，万不该去触碰婚外情这条高压线，以至于事发后落了个身败名裂，被迫远走他乡的下场。

# 挽留爱情偷孩子

**关键词** 拐骗儿童罪　收买被拐卖的妇女罪　最长诉讼时效

2013 年 12 月的一天，北方一个火车站候车室内，一阵骚动引起了乘客们的惊慌。只见一个抱小孩的中年妇女刚走进候车室就被警察包围了，一对年轻夫妇迅速从中年妇女怀中抢过孩子，之后抱头痛哭。随后警察带着惊慌失措的中年妇女和抱着孩子的年轻夫妇离开了候车室。

短暂骚动过后，候车室的乘客纷纷猜测孩子的遭遇，有人说孩子被拐卖了，还有人说孩子被绑架了。那么事情究竟是怎么回事呢？

的确，这件事确与孩子有关。年轻夫妇就是孩子的亲生父母，而最初抱着孩子的中年妇女却跟孩子及其父母素不相识。中年妇女被带到派出所后，自称叫王静，不停地说："我没打算卖孩子，只是想把孩子带回家，与丈夫一起把孩子养大。"除此之外，不肯再多说什么。

随后，民警通过王静的身份证信息联系到当地警方，对她的情况进行了摸底，经查实王静与丈夫黄志刚已育有一儿一女，最小的孩子也已 13 岁了，而且他们家经济状况不太好，在这种情况下，她为什么还要再找个孩子来养呢？更蹊跷的是，王静的丈夫和儿女都在老家福建，而她要搭乘的火车并不是去福建的，可她却说是去找丈夫。

王静种种不合常理的做法让警方对其说辞产生了疑惑，她到底隐瞒了什么不可告人的秘密？

为解开疑惑，民警再次提审了王静，并将了解到的情况摆在了她面前，王静听后脸色顿时变得煞白，她低着头紧张地揉搓着双手，不一会儿眼泪就噼里啪啦地掉了下来。在民警的劝说下，王静的情绪渐渐稳定，她一边用手擦着眼泪，一边开始交代事情的来龙去脉。

原来，今年 40 岁的王静有一段不堪回首的过去。17 岁时，因家里穷，父母把她嫁给了外地一个叫大强的残疾人，当时王静还不到结婚的年龄，两人没领结婚证。大强因身体受过伤害导致不能和王静过夫妻生活。刚嫁过去时，王静年纪小，对男女之事也不懂，随着年龄的增长，王静日渐标致，周围一些年轻人开始对她进行各种挑逗，还会用言语侮辱大强。看着媳妇越来越漂亮，想到同村小伙子们的轻薄言语，大强心里很不舒服，日复一日，人性脆弱丑陋的一面渐渐显露出来，他开始辱骂王静，只要王静敢顶嘴，他伸手就是几个嘴巴子，有时还会对王静拳打脚踢。

时间一长，大强出手越来越重，王静逐渐萌生了逃跑的念头，可父母家贫不会收留她，而她也无一技之长，能逃到哪里去呢？因为没有合适的去处，逃跑计划一再搁置。此外，大强每次在对王静拳打脚踢后，也会格外温柔，多次指天发誓向她保证再也不会动粗了。王静在这短暂的温柔中一次次选择相信大强，可换来的却是一次次更加严重的伤害。她对大强变好的可能性越来越不抱希望了。

就这样忍受了几年，王静 23 岁了，她终于明白大强是不可能变好的，于是在一个大雨的夜晚，她偷偷溜出了家门，拼命地向县城跑去。第二天一早，饥寒交迫的王静拦住了一辆正好要去县城的车，车主是一位热心的中年男人，他表示愿意捎王静一程。急于逃跑的王静没多想就上了车。上车后，中年男人拿了面包和水给王静，王静实在饿坏了，三两口就把面包吃完了，之后疲惫的王静很快就昏昏沉沉地睡着了。

等王静醒来时，她发现自己躺在一个陌生的房间里，房间很破旧，没什么家具，床边还坐着一个 30 岁左右的男人，那个开车送自己的中年男人不知去了哪里。看到王静醒来，床边的男人显得很兴奋，他告诉王静说，他叫黄志刚，因家里穷娶不上媳妇才不得已花钱买，王静就是他花了 5000 元从一个中年男人那里买来的媳妇。王静听后感到一阵天旋地转，好长时间没缓过神来。

刚出虎穴又进狼窝，王静想继续逃跑，可她根本不知道身在何处，于是她决定先假意跟黄志刚过日子，然后再伺机逃跑。

与大强相比，黄志刚虽然也没文化，但为人谦和，对王静也很温柔体贴，不过这些都没有让王静放弃逃跑的想法。然而，就在她一门心思寻找机会逃跑时，却发现自己怀孕了。突如其来的孩子，让王静想了很多，她不舍得打掉孩子，但又不确定自己是否有能力独自把孩子抚养长大，想到黄志刚的温柔体贴，再想到未来种种的不确定因素，王静放弃了逃跑的想法。为了给孩子一个合法的身份，王静跟黄志刚领了结婚证，并给孩子办了准生证，几个月后他们的女儿出生了，3年后他们又有了一个儿子。

转眼十多年过去了，王静已37岁了，虽然结婚十多年，黄志刚待她也不错，但王静总觉得自己是丈夫花钱买来的，对黄志刚始终没有太多感情。

2011年年初，为了赚钱供孩子读书，夫妻俩决定跟同乡一起到北京打工。到北京后，王静在一家餐馆做服务员，而黄志刚则起早贪黑地送快递。

随后，王静在工作中认识了小自己5岁的厨师李伟，每次看到李伟，王静都会莫名其妙地开心，特别希望能和李伟有更多的接触。此时的李伟刚结束了一段失败的婚姻，心情不太好，又接连因工作失误遭到顾客投诉，情绪很是低落。王静看着李伟难受的样子，心里也很不好受，她鼓足勇气去安慰李伟。王静温柔的声音，流入了李伟的心里，聊天之后，李伟感觉心情好多了。最初，李伟在和王静接触时，只拿她当个知心大姐，缓解离婚伤痛，可接触时间一长，李伟就发现了王静的可贵之处，王静虽没什么文化，但非常明事理，说话也总能说到点子上。而且虽然王静已年近四十，但依旧很漂亮，她平时又擅长打扮，散发着十足的女人味。李伟就这样爱上了王静，并大胆向王静表达了爱意，听到李伟的表白，王静心中一阵狂喜，她一直渴望能品尝一下爱情的滋味，如今摆在了面前，她怎能不好好把握。为了能跟心爱的人在一起，王静跟李伟撒谎说她离婚了，孩子在老家。因为王静的丈夫每天都忙着送快递，从没到过餐馆，所以王静轻而易举地骗过了李伟。

早已为人母的王静终于品尝到了迟来的爱情滋味，可建立在谎言基础上的感情能长久吗？

之后，王静和李伟就成了恋人关系。最初，王静顾及丈夫黄志刚还在身边，也怕李伟发现自己没离婚的事实，就对李伟讲，自己年龄比李伟大，如果同事知道他们搞姐弟恋，一定会说三道四，还是先瞒着大家比较好。李伟觉得王静的话有道理就答应了。然而初尝爱情滋味的王静却失去了理智，在丈夫面前也难掩内心的兴奋。黄志刚从未见妻子如此兴奋过，觉得很奇怪。有一天，他偷偷跟踪了王静，最终发现了妻子的婚外情。

黄志刚很痛心，他劝王静为孩子多想想，能回心转意跟他继续踏实过日子。而王静自认是黄志刚花钱买来生孩子的工具，如今任务完成了，也就自由了。王静的歪理把黄志刚气得哭笑不得，为了让妻子彻底断绝和李伟的联系，他决定带妻子回老家。王静死活不肯走，但还是被黄志刚硬拉上了火车。王静不甘心就此跟李伟分开，于是在火车第一次停靠后，她谎称胸闷要下车透透气，便趁机偷跑出了火车站，又回到了李伟身边，黄志刚则赌气一个人回了老家。

丈夫走后，没了障碍，王静很快跟李伟生活在了一起，她感到无比幸福，却也十分担心，担心这美好的一切会随时戛然而止。

2012年9月，39岁的王静一连两个月都没来例假，有经验的她心想一定是怀孕了，便买了验孕纸，结果呈阳性，证明她真的怀孕了，王静兴奋地第一时间就告诉了李伟，李伟听后把她高高抱起，兴奋地转了好几个圈。之后，李伟更爱王静了，对她也更温柔体贴，而处于极度兴奋的两个人居然都没想起去医院做个检查。

眼看快过年了，李伟决定带王静回老家过年，王静自然很高兴。李伟父母看着这个比儿子大5岁的女人，心里有些不快，但听说王静已怀孕后，也不好再说什么，反而催着儿子和王静赶紧去领结婚证，还让王静去医院做个产检，确保生个健康的孩子。一提到结婚王静就慌了，她推说自己的离婚证放老家了，需要先回老家取来才能跟李伟登记结婚，产检也可以等等再做，她还安慰李伟父母说："我都怀了李伟的孩子，铁定跑不了，您二老别担心。"

过了正月十五，王静要回老家拿证件，李伟打算陪她一起去，可王静说孩子出生后开销大，得多赚点钱，催促李伟赶紧回北京上班。于是两个人分头行动，相约等王静拿到证件后，两人马上登记结婚。分开时，李伟还对王静千叮咛万嘱咐，生怕中间出了差错。

李伟回去上班了，叫王静却并没回老家，而是悄悄去医院做了检查，检查结果让她惊慌失措，原来她并没有怀孕。

原来王静因之前有过怀孕生产的经验，上次不来例假，验孕纸又呈阳性，她就以为是怀孕了，兴奋之余，一方面想着自己有经验，另一方面觉得医院收费太高，也就没想着去医院再检查一下。又两个月过去了，王静并没见太多怀孕症状，肚子也没见大。虽然她对李伟说自己有点胖，肚子不明显，但她却越发担心起来。李伟的父母催王静去医院做产检，王静心里发怵不肯去，而就在此时，她竟来例假了，她顿时慌了，这才偷偷跑到医院检查。

医院检查结果显示，王静的确没有怀孕，前期不来例假是因为长期精神压抑导致月经紊乱，而验孕纸只是初步检测方法，呈阳性只能说明有怀孕的可能性，并不一定就是怀孕。拿到检查结果，王静一下子蒙了，对于这个不曾存在过的孩子，她和李伟期待了很久。李伟的父母能接受她，全是因为这个孩子，如果他们知道了这个事实，肯定会认为她是蓄意骗婚，到时候决然不会认她这个儿媳妇。而据她所知，李伟离婚的根本原因就是前妻无法生育。

假孕的事实让王静暂时搁置了回老家跟丈夫离婚的打算，她现在唯一想的就是该怎样把假孕的事瞒下去。

王静回忆起李伟自从知道她怀孕后对她的种种温存，认为孩子是维系两人关系的重要纽带，如今孩子没了，该拿什么留住男友的心呢？王静整日冥思苦想，却始终没想出什么解决办法。这期间，李伟不停地打电话催促王静，询问她取证件的情况，王静只得搪塞说，好多年没回家，离婚证找不到了得补办，需要些时间，而且她现在怀有身孕工作也不方便，想趁这个机会多陪陪父母。听王静这么一说，李伟也就不好再说什么了，只得再三叮嘱她早点回来。

其实王静早就回了北京，因为不知道该如何面对李伟，她就暂住在一个老乡那里，却对李伟谎称自己在老家。每次走在街上，王静看着那些可爱的孩子，想着如果这些孩子当中的某一个是自己和李伟的，那该有多好啊！

6月末的一天，王静坐车回到了两人的住处，见到李伟后，王静神秘地拿出手机给他看了一张婴儿的照片，说那是他们的儿子。由于自己是高龄产妇，孩子早产了，考虑到两个人都要上班不方便照顾孩子，就把孩子交给了老家的姑妈，让她帮忙照看，李伟埋怨王静说无论如何也该把孩子抱回来让他看一眼，李伟边说边摩挲着手机上的婴儿照片。看到李伟这样，王静心里很难受。接着王静又说离婚证丢失了，得等到年底才能补办。李伟笑着说："儿子都有了，还怕不能结婚吗，那就年底再办好了。"

假孕的事没有说破，却又编造出了个假儿子，王静的层层谎言能瞒得住身边人吗？

李伟盼子盼了多年，如今总算有了儿子却不能见面，心里不免对王静有了几分埋怨。但王静毕竟是刚生完孩子就赶回北京跟自己团聚，李伟还是很心疼她的，可让李伟觉得奇怪的是，王静为什么没有奶水。对此，王静说可能因为年纪大了奶水就少了，反正孩子不在身边，倒也没什么影响。可接下来几天，王静的种种行为又让李伟对她产生了疑惑。一般情况下，孩子那么小离开母亲，当妈的一定都很担心，会经常打电话询问孩子的情况，可王静却从来没给看孩子的姑妈打过电话，就连李伟想听听儿子的声音，王静也是推三阻四的。李伟不免怀疑，难道儿子的事有假不成？

想到王静一向纯朴善良，李伟决定和王静谈谈，别是自己误会了她。听到李伟的质疑，王静指天发誓说："孩子绝对出生了，你要相信我，只是姑妈家没装电话，去邻居家打电话不方便，这才不经常联系。"看到王静信誓旦旦的样子，李伟松了一口气，心想可能真是自己多心了。

转眼到了"十一"长假，李伟提出想拜访一下岳父母，顺便把孩子接来。王静一听就急了，说"十一"长假想留在北京多赚些加班费，并许诺待春节时一定带李伟回自己老家，并把孩子接来。李伟见王静的态度很坚决，也就没再坚持。

王静在孩子问题上一再推三阻四，这让李伟的疑虑越来越深，王静也知道这样下去不是长久之计，必须得找个孩子来，否则李伟很快就会识破她的谎言。

2013年年底，李伟的父亲被查出肺癌晚期，母亲打电话让李伟和王静尽快带孩子回家，让父亲看看。接到电话后，王静赶紧帮李伟收拾行李，让他先回老家，自己去姑妈家接孩子，然后就去和他会合。李伟临走前叮嘱王静一定要将孩子带回去让父亲看看，王静信誓旦旦地让他放心。李伟一走，王静顿时松了一口气，她终于不用对着李伟装样子了，可孩子去哪儿找呢？

王静天真地想，或许街上有别人不要的弃婴或被拐卖的婴儿，于是接下来的几天，她每天都穿梭于大街小巷寻找目标，可一连三天过去了，她始终一无所获，而与此同时，李伟催她带孩子回家的电话也越来越着急。此时走在大街上的王静，急得像是热锅上的蚂蚁。就在第四天上午，王静突然发现路边超市的门口有一个婴儿车，里面躺着一个男婴，她向四处看了一下，发现孩子没人看管，于是一个疯狂的想法迅速击垮了她的理智，她突然抱起孩子就跑回了家。

回到家的王静害怕极了，她怕孩子被人认出，就给他换上了之前李伟给孩子准备的衣服，还给他剪光了头发。抱着孩子，王静的心里充满了矛盾，她知道丢孩子的父母心里一定很着急，有心把孩子还回去，可一想到李伟在得知自己怀孕后的兴奋表情，她就决定狠下心，把孩子留下来，因为王静心里很清楚，她无论如何都不想失去李伟。

冷静下来后，王静给李伟打了电话，告诉他自己正抱着孩子坐车赶往他家，让他不要着急。挂断电话，王静就立马赶到火车站买了张去李伟家的车票，可当王静抱着孩子刚一走进候车室，就被守候在一旁的民警抓住了，这也就发生了本案开头的那一幕，丢失孩子的父母一把抢走了王静怀中的孩子，而王静则被带到了派出所。

案件终于水落石出，李伟迟迟没等到王静，却等来了民警的电话，他这才得知出事了。得知事情真相后，李伟叹息地摇摇头，虽然他期盼王静能给他生个孩子，但并不是没有孩子就不会和王静交往，他对王静的感情，与生不生孩子没有直接关系，再说，他与前妻离婚也不全是因为前妻不能生育。

　　民警表示王静的所作所为已涉嫌拐骗儿童罪，一听这话，王静急忙辩解说，她抱走别人的孩子确实不对，可自己是要抚养孩子，并不是贩卖孩子，怎么能构成犯罪呢？那么王静是否有罪呢？

## 律师说法：拐骗儿童罪>>>

　　拐骗儿童罪是指以欺骗、引诱或者其他方法，使不满14周岁的未成年人脱离家庭或者监护人的行为。

　　所谓"拐骗"主要是指使用欺骗、利诱或者其他手段，将不满十四周岁的未成年人带走。而"脱离家庭或者监护人"是指使不满十四周岁的未成年人脱离家庭或者离开父母或其他监护人，致使不能继续对该未成年人行使监护权。

　　本案中，王静在大街上趁婴儿的父母不注意，将婴儿抱走，使其离开父母，致使婴儿的父母不能继续行使监护权。王静的行为已经构成拐骗儿童罪。

### 法条链接>>>

● 《中华人民共和国刑法》

第二百六十二条　拐骗不满十四周岁的未成年人，脱离家庭或者监护人的，处五年以下有期徒刑或者拘役。

……

　　检察院审查起诉时，考虑到王静与李伟生活期间只是以男女朋友名义，并未以夫妻名义，其行为不能构成重婚罪，最后检察院以王静涉嫌拐骗儿童罪向人民法院提起公诉。

　　在法庭上，王静对自己的犯罪行为供认不讳，法院最终以拐骗儿童罪判

挽留爱情偷孩子

处王静有期徒刑两年。

监狱中的王静，想到自己的一双儿女，想到丈夫黄志刚种种的好，流下了悔恨的泪水。

案件结束后，根据黄志刚提供的线索，民警调查发现，当年贩卖王静的那个人已于多年前因贩卖人口被判了刑。而警方也考虑到黄志刚收买王静后，并未强行阻碍王静外出，而且时隔近20年，已经超过追诉时效，因此不再追究黄志刚收买被拐卖的妇女罪，只对其进行了批评教育。

**法条链接>>>**

● 《中华人民共和国刑法》

第八十七条　犯罪经过下列期限不再追诉：

（一）法定最高刑为不满五年有期徒刑的，经过五年；

（二）法定最高刑为五年以上不满十年有期徒刑的，经过十年；

（三）法定最高刑为十年以上有期徒刑的，经过十五年；

（四）法定最高刑为无期徒刑、死刑的，经过二十年。如果二十年以后认为必须追诉的，须报请最高人民检察院核准。

第二百四十一条　收买被拐卖的妇女、儿童的，处三年以下有期徒刑、拘役或者管制。

收买被拐卖的妇女，强行与其发生性关系的，依照本法第二百三十六条的规定定罪处罚。

收买被拐卖的妇女、儿童，非法剥夺、限制其人身自由或者有伤害、侮辱等犯罪行为的，依照本法的有关规定定罪处罚。

收买被拐卖的妇女、儿童，并有第二款、第三款规定的犯罪行为的，依照数罪并罚的规定处罚。

收买被拐卖的妇女、儿童又出卖的，依照本法第二百四十条的规定定罪处罚。

收买被拐卖的妇女、儿童，对被买儿童没有虐待行为，不阻碍对其进行解救的，可以从轻处罚；按照被买妇女的意愿，不阻碍其返回原居住地的，可以从轻或者减轻处罚。

为了追求所谓的爱情，王静抛弃了家庭，又为了留住情人的心，而去偷窃别人的孩子，不知道在监狱中的王静有没有想明白，爱情不是靠一个孩子才能维系的。放下伤害，真心对待并珍惜自己所拥有的，也是生活的一部分，很多事情没有必要过分强求。对于李伟和黄志刚，两个都爱过王静也都被王静伤害过的男人，如果他们一开始就能够从心里多体谅一下王静，多和她进行沟通，可能也就不会有后面的悲剧发生了。

# 一个妻子俩丈夫

**关键词**　重婚罪　抚养权的变更

2013 年 9 月的一天，李成文和妻子赵晓梦正在岳母家商议着给即将满百日的儿子小宇办个"百日酒"。李成文搂着妻子，妻子怀抱着孩子，两人正坐在沙发上商议得起劲，不想这时竟来了一位客人。来人一见两人亲昵的样子顿时愣住了，他一脸不悦地看着赵晓梦，而赵晓梦也一脸吃惊地看着他。李成文赶忙起身招呼来人道："你找谁？有什么事？"来人有些生气地说："我是赵晓梦的丈夫，小宇的父亲，是来带儿子回家办'百日酒'的。"

话未说完，李成文就僵住了，赵晓梦明明是自己媳妇，怎么成了这人的媳妇了，这人该不会是想媳妇想疯了吧。

李成文还没缓过神来，来人就已快步走到赵晓梦跟前，要抱走孩子。赵晓梦死死地抱住孩子，不让来人碰，还大叫："抢孩子了！抢孩子了！"来人听到喊叫声顿时停了手，他一脸疑惑地看着赵晓梦，而赵晓梦则低着头不敢看来人一眼。

李成文见状赶忙拉开来人，护住了妻子和孩子，他恼怒地对来人说，他才是赵晓梦的丈夫，小宇的父亲，他绝不允许外人欺负她们娘儿俩。来人听后更疑惑了，紧接着疑惑变成了愤怒，他随即从兜里掏出一本结婚证递给了李成文。李成文打开一看，上面赫然贴着妻子和来人的照片，来人叫郭鹏，登记日期是 2012 年 10 月。

李成文看罢，恼怒地将结婚证甩给了来人，并大声吼道："你神经病吧，弄个假证糊弄人，赶紧滚！"来人不甘示弱地说："是真是假，问一下赵晓梦不就知道了。"两人同时将目光转向了赵晓梦，此时赵晓梦依然低垂着头，脸涨得通红，却一声不吭。

李成文凭直觉感觉到这个叫郭鹏的男人跟妻子一定有某种关系，他恼怒地一把夺过妻子怀里的孩子，质问妻子到底是怎么回事。赵晓梦急得哭了起来，她突然跪到李成文面前请求原谅，接着便道出了其中隐情。

原来，现年25岁的赵晓梦和27岁的李成文早在2009年年初就结婚了。李成文早年曾学过电焊，结婚后，两人便在县城开了一家铝合金店，一开始生意还算不错，李成文一门心思赚钱，赵晓梦也尽量从旁协助。两人的日子过得有滋有味。

美中不足的是，赵晓梦因为身子虚弱，接连流了两次产，结果两人结婚三年还没有一男半女。夫妻两人对此都很苦恼，赵晓梦变得越来越敏感，经常为一点小事就唠叨丈夫半天。李成文知道妻子心里不痛快，也不跟妻子计较，可眼看着比他结婚晚的兄弟们一个个都当爸爸了，他心里也不是滋味。为了排忧解闷，也为了躲避妻子的唠叨，李成文染上了赌博的毛病，自此两人的关系就开始变得紧张了。

赵晓梦对李成文整日沉迷于赌博很不满，经常对他大发牢骚。一开始李成文也觉得理亏，不好冲妻子发火，可不承想妻子的牢骚总是没完没了，还越说越劲。2012年2月的一天，赵晓梦又一次向因赌博晚归的李成文发起了攻势，说他是个不负责任的男人。而李成文恰好有点喝高了，便口无遮拦地反驳道："你没资格说我，结婚三年了，连个孩子都生不出来，如果有了孩子，我立马戒赌。"

丈夫的话刺痛了赵晓梦的敏感神经，她想，如果自己一辈子生不出孩子，丈夫就赌一辈子不成？这样的日子还有什么盼头。于是，她不顾丈夫的道歉和坚决反对，一气之下南下打工去了。

赵晓梦很快在一家服装厂找到了一份缝纫工作，为了怕跟人谈论婚姻和孩子，她刻意隐瞒了婚史。新环境和繁忙的工作让她很快就淡忘了对丈夫的不满，反而增加了思念，只是倔强的她不打算这么快就灰头土脸地回家。因此，尽管丈夫一再向赵晓梦表示戒赌，可她始终不为所动。

一个人在陌生的城市里难免空虚寂寞，而此时，一个年轻人的出现填补了赵晓梦的情感空白，这个人就是郭鹏。

郭鹏跟赵晓梦同岁，是赵晓梦所在车间的统计员，两人经常接触。郭鹏是个热心肠，对新来的赵晓梦很照顾，帮她解决了不少难题。赵晓梦对郭鹏非常感激，而郭鹏却对赵晓梦越来越爱慕。

两人的交往越来越密切，在旁人看来，两人跟情侣无异，还经常拿他们开玩笑。这让赵晓梦有些紧张了，她已经结婚了，怎么可以再跟别人谈恋爱呢？她虽然很喜欢郭鹏，可她还爱着丈夫。于是，赵晓梦开始刻意地跟郭鹏保持距离。郭鹏认为这是女孩子都有的矜持，不但不知难而退，反而越战越勇。

2012年4月的一天，赵晓梦过生日，郭鹏送了她99朵红玫瑰，还请她吃烛光晚餐。赵晓梦一直梦想着自己能像韩剧里的女主角一样被男人疼爱和呵护，可丈夫李成文向来大男子主义，做事还粗心大意，连甜言蜜语都很少对自己说。郭鹏的举动让赵晓梦心里暖洋洋的。郭鹏便趁机向赵晓梦求爱，希望她能做自己的女朋友。赵晓梦一时不知该如何作答，她想如果自己未婚，一定会答应，可现在却已婚……不容赵晓梦多想，郭鹏已将她拥入怀中。赵晓梦的身体和情感都得到了从未有过的满足，这种感觉促使她答应了郭鹏的求爱。当然她知道自己是有夫之妇，只是她选择了暂时遗忘，她只想尽情地享受此时此刻。

之后不久，赵晓梦就搬到了郭鹏的住处，两人开始了甜蜜的同居生活。郭鹏是个暖男，不但对赵晓梦呵护备至，还经常变着法地哄她开心，赵晓梦从没被人这么宠爱过，这让她很是陶醉，也让她逐渐淡忘了对丈夫李成文的情感。

当然，她有时也会觉得对不起丈夫，可这种愧疚感在郭鹏的甜言蜜语下总是持续不了多久。而且，每当丈夫打电话让她早点回家时，她总是找借口搪塞，还总说工作忙，让丈夫少打电话，其实是怕被郭鹏发现。

2012 年 9 月，正值中秋假期，郭鹏想让赵晓梦跟自己回老家，可赵晓梦却以回家探望父母为由拒绝了。两人暂时分离，各自回了家。一路上，赵晓梦都在想着该怎样面对丈夫李成文，她想了许多理由来解释自己半年不回家的原因，可当她见到丈夫后，却一点也没用上，因为丈夫压根儿没问，只说回来了就好。

李成文对妻子说："自从你走后，这大半年我再没赌过一次，你不要再走了，我们今后好好过日子。"面对丈夫的信任和朴实的表白，赵晓梦很愧疚，可一想到不再回去，她又觉得很不舍，她想利用假期好好弥补一下对丈夫的亏欠，但并不打算就此留下。

中秋假期结束，赵晓梦没有立即返回南方上班，而是请了长假，等过了国庆再返回。对此，她对郭鹏的解释是母亲生病了。

回家半个月后，赵晓梦连续多日呕吐不止，李成文要陪她到医院做检查，被她断然拒绝了，她借口不能影响生意，独自去了医院。检查结果是赵晓梦怀孕了，已经一个多月了。得知结果后，赵晓梦并不意外，因为她的月事已延迟近一个月了，她早有预感，这也是她不让丈夫陪同检查的原因。

怀孕被证实，赵晓梦既兴奋又忧心，她一直盼着能再次怀孕，之前的两次流产让她对这个孩子倍加珍惜。可让她忧心的是，孩子不是丈夫的。

赵晓梦知道自己离不开丈夫，不仅是因为她还爱着丈夫，还因为她的社会关系都在这个县城，一旦因婚外情离了婚，她将无颜回乡。可她又舍不得郭鹏，因为郭鹏能满足她作为一个女人的所有情感需求，她甚至希望能一直陶醉在郭鹏的温柔怀抱中。

面对这种两难抉择，赵晓梦起了贪心，她竟想同时拥有两个男人的爱，她想，现在婚姻登记还未实现全国联网，她完全可以跟郭鹏在另一个城市再结一次婚。

赵晓梦为自己能想到这么一个两全的好主意感到庆幸，她愉快地回到了家，将怀孕的消息告诉了丈夫李成文，不过怀孕时间缩短成了半个月，而孕检单子却不小心弄丢了。朴实的李成文一点也没察觉到赵晓梦在说谎，反而因为妻子怀孕了非常兴奋，他叮嘱妻子这次一定要多注意身体，好好保胎，家务活他全包了。

国庆假期结束了，郭鹏的电话催得越来越急，赵晓梦也很想念他，一早就打点好了行囊。李成文说什么也不让妻子走，让妻子多为孩子着想，可赵晓梦却非走不可，还以打胎相要挟。蒙在鼓里的李成文不明白一直求子心切的妻子怎么会把工作看得比孩子还重，他又不能强行阻拦妻子，只好由着她去了。

郭鹏早早地就等在了出站口，见到赵晓梦后，立马迎了上去。赵晓梦则掏出孕检单递给了他，郭鹏看后立马兴奋地抱着赵晓梦转了一大圈，随后他单膝下跪，请求赵晓梦嫁给自己，赵晓梦愉快地答应了。

紧接着，郭鹏带着赵晓梦回了老家见过自己的父母，还提出要去探望岳父母，不过被赵晓梦拒绝了，理由是路途太远，她的身体已经经不起折腾，再说父母已同意他们的婚事了。郭鹏心疼赵晓梦，而且向来对赵晓梦的话深信不疑，便没再坚持。2012年10月，两人在郭鹏的老家登记结婚，婚后赵晓梦和郭鹏又重新回去上班了。新婚的甜蜜让赵晓梦又暂时将李成文抛到了一边，可随着春节的临近，她又再次面临着难题。

2013年2月，春节临近，已怀孕五个多月的赵晓梦行动已经不便了，她本想在郭鹏家过春节，可却禁不住李成文的再三催促，李成文还说要亲自来接她回家。赵晓梦犯难了，如果李成文来了，自己重婚的事岂不要暴露了，而如果自己孤身回娘家，郭鹏也一定不会同意的，该如何是好呢？赵晓梦为此一筹莫展。

而恰在此时，郭鹏的爷爷病危，家人要郭鹏立马回家。郭鹏想带赵晓梦一起回去，可赵晓梦却说这种事不吉利，怕给孩子带来晦气，坚持要回娘家，她向郭鹏保证说："我的身体能扛得住，路上不会有事的。"郭鹏无奈同意了，并许诺等爷爷的事了了，一定会到赵晓梦家接她的。郭鹏走后，赵晓梦就回了老家跟李成文团聚。夫妻久别重逢，李成文自然高兴，更何况妻子还怀着孩子，他对赵晓梦就更体贴了。

春节后，郭鹏提议要北上接赵晓梦回自己老家待产，被赵晓梦坚决拒绝了，理由是她的身体不便赶路，而且待在娘家更舒心，要等生产后再回去。郭鹏不同意，本想北上当面劝说赵晓梦，不料却被公司派到了边远地区筹备建设新厂去了，因交通不便和工作繁忙竟一直没有成行。郭鹏对此很烦恼，可赵晓梦却很庆幸。

2013 年 6 月，赵晓梦顺利产下了一个男婴，取名小宇，随了李成文的姓。接下来几个月，李成文整日乐此不疲地忙前忙后，俨然把母子俩当成了宝贝。赵晓梦陶醉在这种幸福中，早把郭鹏撂到了一边，就连接他的电话都有些不耐烦了。

儿子要满百日了，李成文和赵晓梦正商议着要办个"百日酒"，不料却被突然出现的郭鹏撞上了。接着便发生了本案开头的那一幕，郭鹏自称是赵晓梦的丈夫，还要抱孩子，被李成文阻止后，随即掏出了结婚证，赵晓梦见重婚被撞破，只好说出了隐情。

赵晓梦哭着对李成文说："我是一时糊涂才跟郭鹏结的婚，并不是真爱，只是打发寂寞罢了，求你原谅我这一次吧。"赵晓梦的一席话惊呆了身旁的两个男人，李成文没想到妻子竟会背叛自己，连他视若珍宝的儿子竟也不是亲生的。而郭鹏也没料到跟他结婚的女人竟不爱他，还是个有夫之妇。

此时的李成文早已瘫坐在沙发上，他心乱如麻，掏出香烟猛抽了起来。郭鹏呆立了许久，终于明白赵晓梦为什么迟迟不愿自己来探望她了。郭鹏之前一直为没有在赵晓梦生产时陪在她身边感到愧疚，这次恰逢儿子满百日，才好不容易请了假，没想到竟然撞破了赵晓梦重婚的事实。郭鹏愤怒极了，不愿再多看赵晓梦一眼，转身离开了。

见郭鹏离开，为了得到丈夫的原谅，赵晓梦扑到丈夫怀里痛哭起来。李成文见状，也心软了，他决定试着原谅妻子，不仅是因为他还爱着妻子，还因为他对这个非亲生的儿子已经产生了割舍不下的情感，而尤为重要的是，他不想此事张扬出去，沦为别人的笑柄。

赵晓梦本以为事情就这么过去了，没想到半个月后警察却找上了门，说有人把她告了，而告她的不是别人，正是郭鹏。

原来，郭鹏回去后，将此事告诉了父母，父母也很窝火，没想到当宝贝疼的儿媳竟是别人家的，更重要的是儿子现在是已婚，这个身份怎么能再婚呢？必须赶紧跟赵晓梦离婚。郭鹏本想和平解决这事，可父母不同意，说如果低调处理别人会以为是郭鹏有问题才导致的离婚，这样哪还有好姑娘愿意再嫁给儿子啊！非要告到公安局去不可，一来给儿子正名，二来也惩戒一下赵晓梦。郭鹏拗不过父母，只好同意告赵晓梦重婚。

### 律师说法：重婚罪>>>

重婚罪是指有配偶又与他人结婚或者明知他人有配偶而与之结婚的行为。

所谓有配偶，是指男人有妻，女人有夫，而且这种夫妻关系未经法律程序解除尚在存续的。所谓明知他人有配偶而与之结婚的，是指本人虽无配偶，但明知对方有配偶，而故意与之结婚的（包括登记结婚或者事实婚），此种行为是有意破坏他人婚姻的行为。

---

**法条链接>>>**

● 《中华人民共和国刑法》

第二百五十八条　有配偶而重婚的，或者明知他人有配偶而与之结婚的，处二年以下有期徒刑或者拘役。

● 《中华人民共和国婚姻法》

第十条　有下列情形之一的，婚姻无效：

（一）重婚的；

（二）有禁止结婚的亲属关系的；

（三）婚前患有医学上认为不应当结婚的疾病，婚后尚未治愈的；

（四）未到法定婚龄的。

---

赵晓梦先是与李成文登记结婚，后又与郭鹏登记结婚，很明显其行为已构成了重婚罪。而郭鹏在与赵晓梦结婚前并不知情，因此不构成重婚罪。法院最

终判处赵晓梦有期徒刑一年，因赵晓梦的孩子尚在哺乳期，缓期两年执行。

对于判决，赵晓梦表示接受，她认为这是自己罪有应得，不怪郭鹏，希望这能让郭鹏彻底放下对自己的怨恨。判决后，郭鹏拿着判决书到当地民政局申请撤销了两人的结婚登记。郭鹏希望尽快忘掉这次被愚弄的婚姻，然后开始新的生活。

赵晓梦认为在和郭鹏的婚姻解除后，她和丈夫就能重回之前的甜蜜生活了，可结果却不尽如人意。之前，李成文一直细心地呵护着妻子和孩子，可之后两人的关系发生了微妙的变化。赵晓梦因为心虚，在丈夫面前变得谨小慎微。而李成文则因为难以言表的愤怒开始酗酒，对母子俩也不再上心了。

2014年春节期间，有位亲戚在抱着孩子时无意间说道："这孩子怎么长得一点不像爸爸呢？"说者无意，听者有心，这话触痛了李成文，当晚喝得酩酊大醉。赵晓梦见状，劝丈夫以后少喝点，没想到只是平常的一句话，却换来丈夫的一顿拳打脚踢，她被打得鼻青脸肿，多日不敢见人。这是赵晓梦第一次被丈夫打，却不是最后一次。

赵晓梦知道李成文心里窝火，一直没处发，所以即便挨了打也不敢声张，反而更加小心了。可即便如此，李成文也没放过她，家暴渐渐成了家常便饭。有时赵晓梦会把怨气发泄到孩子身上，捶打儿子小宇，等冷静下来后她又非常后悔，常常抱着儿子痛哭。

赵晓梦在一次次的毒打中，逐渐对李成文绝望了，她竟又怀念起郭鹏的温柔来。赵晓梦给郭鹏打电话诉说委屈，可此时郭鹏已经在家人的安排下跟一位姑娘结了婚。郭鹏同情赵晓梦，也挂念儿子，可已不再爱她了，所以拒绝跟她复合。赵晓梦绝望了，由于孩子还小，她只能继续忍受李成文无休止的家暴，因为离开了李成文，她无法独立养活孩子。而如果向郭鹏讨要抚养费，她又担心郭鹏的家人会以此为要挟讨要孩子。

2015年10月，儿子小宇两岁多了。一天，赵晓梦再次接到了法院的传票，没想到告她的还是郭鹏。重婚的事已经判决了，结婚证也被撤销了，郭鹏还告她什么呢？

原来，郭鹏这次是向她讨要儿子。在赵晓梦向郭鹏诉苦后，郭鹏对儿子就一直很挂心，只是碍于现在的妻子，一直没好开口要儿子。郭鹏跟妻子结婚一年多了，却一直没孩子，一个月前，妻子经检查被证实无法生育，郭鹏这才将已有一子的事实告诉了妻子。妻子自觉不能生育对不住丈夫，表示愿意代为抚养丈夫和赵晓梦的儿子。郭鹏这才向法院起诉要回儿子的抚养权。

赵晓梦在接到传票后，顿觉天旋地转，两年来，儿子一直是她活下去的动力，没想到郭鹏竟连孩子也要夺去。她在法庭上一再哭诉儿子对她的重要性，并恳求郭鹏放过她和儿子。郭鹏说自己不能放任儿子在一个充满家暴的环境中长大，如果赵晓梦真的爱儿子，就应将抚养权给自己。赵晓梦死活不同意。那么，在这种情况下，郭鹏能否要回孩子的抚养权呢？

### 律师说法：抚养权的变更>>>

抚养权的变更，就是父母分开后，如果父母双方的实际条件发生变化，或者子女要求改变抚养权，原已确定的抚养权可以依法予以变更。未成年人子女抚养权的变更通常有两种情况，一是父母双方协议变更子女的抚养权；二是一方向法院提起诉讼，要求变更子女的抚养权。

本案中，郭鹏是小宇的父亲，赵晓梦是小宇的母亲，两人都有抚养孩子的权利，虽然小宇一直与赵晓梦共同生活，但赵晓梦的家庭以及殴打孩子的行为确实有损孩子的身心健康，不利于孩子的成长。

### 法条链接>>>

● 《关于人民法院审理离婚案件处理子女抚养问题的若干具体意见》

16. 一方要求变更子女抚养关系有下列情形之一的，应予支持。

（1）与子女共同生活的，一方因患严重疾病或因伤残无力继续抚养子女的；

（2）与子女共同生活的一方不尽抚养义务或有虐待子女行为，或其与子女共同生活对子女身心健康确有不利影响的；

（3）十周岁以上未成年子女，愿随另一方生活，该方又有抚养能力的；

（4）有其他正当理由需要变更的。

最终，在法官的耐心劝解下，赵晓梦为了孩子能有个健康成长的环境，同意把儿子小宇交给郭鹏抚养，但她要求自己有随时去看望儿子的权利，郭鹏爽快地同意了。

很快，郭鹏夫妻就将儿子小宇抱走了，郭鹏妻子将小宇视如己出，一家人生活得其乐融融。而赵晓梦则整日以泪洗面，心里满是悔恨。赵晓梦时常在想，要是几年前她能控制住感情，不跟郭鹏发生婚外情就好了。现如今，她和丈夫的关系也岌岌可危，再难回到从前了。

俗话说"害人者必害己"，玩弄感情，终究也会被感情玩弄。本案中的赵晓梦因为一时贪欢，跟两个男人同时结了婚，可事情败露后，生活凄惨，自己被家暴，儿子也被人抢走，为此付出了沉重的代价。婚姻不是游戏，需要互相理解和包容，太过贪婪和任性只会将婚姻推向万劫不复。

# 躺在铁轨上的女人

**关键词**　故意杀人罪　故意杀人罪与故意伤害罪的区别

2016 年 6 月初的一天凌晨，北方某小镇附近，一列火车尖锐的刹车声打破了黑夜的寂静。列车工作人员因感觉像是撞到了什么东西，为安全起见遂下车查看，竟发现铁轨两侧都被鲜血染红了——火车撞死了人。列车长赶紧向当地公安局报警。

随后公安人员赶到现场，法医对死者进行了尸检，得出了初步结论：死者为一名女子，年龄在 25—30 岁之间，左手臂上有一颗黑痣，无其他明显体貌特征。女子死亡时身穿红色外衣、黑色裤子，死亡时间与列车经过时间吻合，符合活体撞击特征，基本上认定这是一起火车撞人致死事故。

不过心细如发的民警却对此结论持怀疑态度，原因是他们在事发地以及周围 500 米以内，都没有找到死者的鞋子，而死者脚上穿的袜子却没有沾半点泥土。那么死者是谁，她是怎么来到铁轨上的？

警方当天就在镇上发布了公告，结果下午就有一名身材魁梧的男子前来认尸。男子叫谢福柱，家住镇上，今年 30 岁，他称自己 27 岁的妻子吕丹昨天离家出走，至今未归。后经谢福柱辨认，证实死者就是他的妻子吕丹。谢福柱对妻子的死表现得十分悲痛，几次趴在妻子尸体上痛哭。

当民警问到吕丹离家出走的原因时，谢福柱恨恨地说："还不都是因为那个朱强，那人趁我不在家将我老婆给拐走了。我发现后便将老婆带回了家，谁想昨天竟又被朱强给骗走了。"最后谢福柱声称，自从妻子走后，妻子的手机就关机了，他不但没再见过妻子，也没跟妻子通过电话，这期间发生了什么只有朱强知道，他怀疑妻子的死一定与朱强有关。

民警根据谢福柱提供的线索，很快找到了朱强。朱强听说吕丹死了，很是震惊。他承认曾跟吕丹好过，不过当时他并不知道吕丹已经结婚了。接着，朱强向警方讲述了他跟吕丹的认识经过。

朱强是一家茶叶店的老板，今年32岁，两年前跟妻子离了婚。2015年4月，吕丹到朱强的茶叶店应聘做营业员。吕丹能说会道，业绩一直非常好，而且她的言行也特讨朱强欢心。在频繁的接触中，吕丹对朱强产生了爱慕之情，她毫不掩饰，还主动表白说她是单身，愿意做朱强的女朋友。此时的朱强对长相秀丽的吕丹也颇有好感，于是两人一拍即合，开始正式交往，不久还住到了一起。

在一起后，朱强曾多次提议要到吕丹家去探望，但都被吕丹拒绝了，理由是她作为女子，不能随便将男子带回家，要先见过朱强的父母。可朱强家在外地，必须要等春节才能回家。这年春节，吕丹跟随朱强回老家过年，朱强父母很高兴，催着两人早点结婚。吕丹当时许诺，过了春节就带朱强去跟父母谈婚事。

春节过后，朱强满心期待地等着见吕丹的父母，没想到却等来了吕丹的丈夫。

上个月，吕丹借口回家有事请假三天，没想到三天后竟鼻青脸肿地回来了，无论朱强怎么问她，她都不肯说出原因，只是一直哭。之后几天吕丹一直魂不守舍，眼睛总往外瞅，像是在躲避什么。一天中午，一个彪形大汉冲进店里，二话不说就将店内的一个柜台给砸了，还重重地给了朱强几拳，朱强顿时捂着胸口瘫坐在地上。

来人正是谢福柱，他怒骂朱强道："你竟敢勾引我老婆，活腻了！"朱强顿时愣了，难道吕丹已经结婚了？他抬头看吕丹，吕丹脸色煞白地躲在墙角，不敢说一句话。接着，谢福柱一把拉住吕丹，警告朱强道："如果你敢再骚扰我老婆，我就杀了你！"说完拽着吕丹就走了。

很显然，吕丹是有夫之妇。朱强对吕丹的欺骗很愤怒，之后半个多月一直拒接她的电话。而就在吕丹出事的前一天，她还曾多次打电话给朱强，并发短信说在店里等朱强，但当时朱强正出差在外，赶不回去，所以一直没回应她。朱强后悔地对警方说："我要是早知当晚吕丹会出事，一定会接她的电话。"最后，朱强发誓说吕丹的死跟他绝无关系。

朱强的话让民警突然联想到谢福柱之前的一番话，他声称自从妻子走后，妻子的手机就关机了，他不但没再见过妻子，也没跟妻子通过电话。如果朱强的话属实，说明吕丹死前并没关手机，那么谢福柱很可能就撒了谎。于是，民警调取了吕丹事发前一天的通信记录，证实当日吕丹的手机的确没关机，不但多次拨打过朱强的电话，还跟谢福柱通过电话。

民警随后又询问了谢福柱，谢福柱一见通信记录，立马矢口否认了之前的说辞，说之前只说过没见过面，不记得说过没通过电话。

谢福柱的狡辩让民警增加了对他的怀疑，难道是谢福柱杀死了妻子吕丹，可他为什么要这么做呢？民警开始围绕谢福柱展开了调查，经过几天走访，民警在一家饭店内得到一条重大线索。

原来，案发当天下午谢福柱和妻子吕丹曾在该饭店吃饭，吃饭时谢福柱还曾打骂过吕丹，后被店主及时制止。凑巧的是，饭店内安装了摄像头，正好拍到了两人。

面对铁证，谢福柱再难狡辩了，不得不向警方交代了实情。

谢福柱很小的时候，他的父亲就因病去世了，他与母亲相依为命，生活很是拮据。2012年，谢福柱和吕丹经人介绍相识，很快就结了婚，跟母亲住在一起，一开始一家人相处得还算融洽。一年后吕丹生了一个女儿，这让有着重男轻女思想的婆婆有些失望，对吕丹颇为不满，经常冷言冷语。吕丹向来要强，嘴巴也不饶人，婆媳俩难免擦枪走火，不时恶语相向，有时竟会厮打在一处，这让夹在中间的谢福柱很难做，最后不得不迁就了妻子，给母亲另外找了一处简陋的住处，两边分开住。

婆媳矛盾刚解决，不想夫妻矛盾又升级了。原因是女儿出生后，吕丹就不再工作了，每月就靠丈夫3000元左右的固定工资生活，日子越过越紧巴。

夫妻俩因为钱的事没少吵架，而几乎每次都是吕丹故意找碴儿。

一天，吕丹告诉丈夫谢福柱，说在县城帮他找了一份开铲车的工作，每个月工资5000多元，一个星期能回家一趟。谢福柱得知要在外住宿，就有些犹豫。吕丹不高兴地说："男子汉养家糊口，赚钱才最重要，难道要死守在家，一家人都饿死不成。"谢福柱见妻子生气了，又细想妻子的话也有道理便答应了。不久就去县城上班了。此后，夫妻见面少了，夫妻关系也好了许多，妻子不但不再主动跟他吵架，反而对他越发温柔，谢福柱庆幸自己换了新工作，挽救了夫妻感情，不过他并没有庆幸多久。

2014年端午节，谢福柱去探望母亲。从母亲口中，谢福柱得知了一个令他无比吃惊的消息，他的妻子吕丹有外遇了。母亲告诉他，自从他去县城上班后，他家中常有一个开轿车的男子出入，跟吕丹的关系非常亲密，邻居中早就传开了，自己住得远才听说。母亲的话犹如一记闷棍打在了谢福柱的头上，愣了一会儿后他就要起身回家质问妻子，母亲拦住他说："捉奸捉双，问是问不出来的，还是要捉现行才行。"母亲的话提醒了谢福柱，他强压着怒火挨过了一天。

第二天，谢福柱如常去上班，不过没走多远就折了回来，在家附近藏了起来。上午10点，一辆轿车停在了谢福柱家门口，接着从车上走下来一个男子，大摇大摆地进了谢福柱家的院子。顿时一股无名火涌上了谢福柱的心头，他大踏步跑回了家，顺手取下了大门上的铁栓，然后冲进了屋，屋内吕丹正和男子搂抱在一起，两人一见谢福柱，顿时吓得脸色煞白，男子想跑，被谢福柱一拳打倒在地，谢福柱拿着铁栓在男子身上猛打，男子双手抱头，在地上凄惨地喊叫。

吕丹赶忙跪下哀求谢福柱道："你手下留情吧，再打下去会出人命的。"气急败坏的谢福柱一看妻子还为男子求情更火了，转而又向妻子拳打脚踢。男子和吕丹的哀号引来了几个邻居，邻居一看男子已血肉模糊，赶紧阻止了谢福柱，并将男子送进了医院。

被打的男子竟是谢福柱以前的同事刘浩，谢福柱这时才意识到妻子吕丹劝说他到县城上班是另有目的。原来，吕丹与刘浩先前是网友，没事时两人经常互诉苦闷，慢慢地彼此便有了好感。之后两人偷偷见了面，还发生了性关系。后来吕丹为了方便和刘浩幽会，便提出让丈夫谢福柱到县城工作，因为县城距离远，不方便经常回家。得知真相后谢福柱气得直咬牙，没想到妻子之前对自己的温柔竟是假的，是为了别的男人，于是对妻子又一顿好打。

谢福柱撒了一通火，结果也引火烧身了。刘浩报了警，经过伤情鉴定，刘浩的伤已构成轻伤，谢福柱很快被警察带走。由于案件事实清楚，最终谢福柱被法院以故意伤害罪判处有期徒刑两年。

谢福柱入狱后，刘浩妻子找吕丹大闹了一场，之后刘浩再也没联系过吕丹。为维持生计，吕丹将谢福柱的母亲接回了家，并将女儿交给她照顾，然后到县城找工作，这才应聘到了朱强的茶叶店。

2016年5月，谢福柱出狱，两年过去了，他当初对妻子的怨气早就消了，他知道这期间家里多亏了妻子，就想着出狱后跟妻子冰释前嫌好好过日子，可不料妻子却另有打算。

出狱当晚，谢福柱跟妻子坐在屋里闲谈，谢福柱大度地对妻子说："之前的事我不再计较了，今后我们俩好好过日子吧。"可妻子听后并没感动附和，反而在沉默了一会儿后说："我想我们还是离婚吧。"谢福柱一听傻眼了，他怎么也没想到，他因为妻子进了监狱，刚出狱妻子竟然要离他而去。谢福柱不同意，让妻子看在女儿的分儿上不要离婚。可吕丹似乎很决绝，非要离婚不可。谢福柱非常气愤，之前消散的怨气又聚拢了起来，他不但动手打了妻子，还强行跟其发生了性关系。此后几天，谢福柱一直威逼妻子放弃离婚的想法，不过妻子吕丹却不为所动。

谢福柱认为一定是妻子心里有了别人才这般坚决，后来他经过暗中打探证实了猜测，妻子确实跟别的男人好上了，而那个人就是朱强，两人已同居近一年了。

谢福柱对此很震怒，在确认消息后的第一时间就赶到了朱强的茶叶店，不但打了朱强，还强行将妻子拖回了家。谢福柱对妻子吕丹的再次背叛忍无可忍，又毒打了妻子一顿，并将其关在家中半个月，不允许她踏出家门一步。期间，吕丹曾多次试图逃跑，不过都没成功。直到吕丹出事前一天，她才成功逃出了家门。

谢福柱发现妻子不见了，便给妻子吕丹打电话，威胁她立即回家，不过吕丹说她死也不回去。这话激怒了谢福柱，他想妻子一定会到茶叶店找朱强，于是便去茶叶店附近守着，等妻子露面。果然不出谢福柱所料，就在茶叶店快要打烊时，吕丹垂头丧气地从店里走了出来。谢福柱见状，立马跑上前，一把将吕丹抓住，并强行将其拉上了一辆出租车。

随后，两人在镇上的一家饭店门口下了车，谢福柱为了找妻子，一整天没吃饭。进饭店后，饿坏了的他立马狼吞虎咽地吃了起来，可对面的妻子却呆坐着，连筷子都不动。看到妻子一副哭丧脸，再想到妻子的两次背叛，谢福柱忽然没了食欲，也不顾是在饭店内，就又开始对妻子动起了手。店主一看不好，赶忙过来阻止，谢福柱这才停手继续吃饭，因为心情郁闷，他还喝了半斤白酒。

吃完饭，天已经黑了，谢福柱拉着妻子走路回家。路上，吕丹突然跪下来恳求谢福柱道："你放过我吧，我对你确实没感情了，我现在爱的人是朱强。"谢福柱听后咆哮道："你别做梦了，我绝不同意离婚。"吕丹最后无奈地说："只要你同意跟我离婚，家里的钱财和孩子我一概都不要。"谢福柱见妻子是铁了心了，两年多的新仇旧怨在酒精的作用下突然爆发了，他疯了似的对妻子拳打脚踢，不一会儿，妻子就一动不动地躺在地上。谢福柱走近查看，发现妻子已闭上了双眼，嘴角正流着血，呼吸也变微弱了。

谢福柱顿时酒醒了，他先是懊悔刚才的鲁莽行为，后又想下一步该怎么办，如果送医院，家中没钱不说，万一治不好，妻子再告发他，他还得被抓进监狱，他是无论如何也不想再坐牢了。最后，谢福柱打定主意，不对妻子进行救治，可又该如何处理妻子呢？这时一阵列车的轰鸣声提醒了他。

谢福柱忽然想到不远处就是火车轨道，何不将妻子放到铁轨上呢，一旦火车撞上尸体，必定面目全非，这样妻子挨打的痕迹也就无迹可寻了。谢福柱知道小镇每晚都会通行两班列车，下一班通过的时间大约在凌晨。

谢福柱为自己能想到这么好的主意而得意，不过紧接着他又有了一种负罪感，毕竟那是他的妻子，孩子的母亲，而且他对吕丹还有感情。可事已至此，他不得不告诫自己不要去想妻子的好，只想着妻子背叛过自己两次就够了，这样一想，就让谢福柱觉得妻子是死有余辜。

谢福柱将妻子背在肩上，缓缓地向火车轨道走去，为避免行人看见，他只走小路。路上经过一条小河时，吕丹脚上穿的一只鞋子掉进了河里。最后，谢福柱成功地将吕丹放到了铁轨上，当他看见妻子脚上只剩一只鞋时，忽然想到一只鞋可能会令警察产生怀疑，于是将另外一只鞋脱了下来一并扔到了河里。做完这些谢福柱就在河边坐了下来，既焦急又惶恐地等着下班列车的经过。

第二天凌晨时分，一辆列车的刹车声划破夜空，谢福柱意识到一定是列车发现了妻子，但还不确定妻子是否已经死亡，他想赶过去看看，却又怕被人发现。他想着如若待会救护车赶来就说明妻子还没死，如果救护车不来就说明妻子死了。于是他继续揪心地等着，不一会儿两辆警车赶了过来，却始终不见救护车的身影，谢福柱想妻子一定是死了。这是他在过去几个小时一直盼望的结果，可等结果成真了，他心里却充满了害怕和愧疚，毕竟那是他的妻子啊。

而接下来便发生了本案开头的一幕，在接到列车长的报案后，当地公安迅速赶到现场，法医初步断定为交通事故，不过民警却因找不到死者的鞋子，而推断事情可能并非这么简单，随之对此展开了调查。

第二天，在看到警方贴出的公告后，心怀鬼胎的谢福柱便壮着胆子到派出所认尸，对妻子的死他假装不知情，还试着打探案情，想知道妻子的死是怎么认定的，会不会牵涉自己。当民警询问吕丹离家出走的原因时，引起了谢福柱对朱强的满腔恨意，于是将作案嫌疑引向了朱强，而为了撇清自己，他还对警方说，妻子走后没给妻子打过电话，也没见过面。可没想到正是他的这句话，让警方怀疑上了他，并找到了他说谎的证据，进而查出了事情真相。

案件真相大白，鉴于吕丹的死亡时间和死亡原因对案件的定性至关重要，民警又请法医对吕丹的尸体进行了二次检验。结果跟上次相同，证实吕丹在被火车撞击时存在生命体征，也就是说当时吕丹还没死。

随后，检察院以谢福柱涉嫌故意杀人罪向法院提起了公诉。

### 律师说法：故意杀人罪>>>

故意杀人罪是指故意非法剥夺他人生命的行为。该罪在主观上须有非法剥夺他人生命的故意，包括直接故意和间接故意。

直接故意是指行为人明知自己的行为必然或者可能发生危害社会的结果，并且希望危害结果的发生，以及明知必然发生危害结果，而放任结果发生的心理态度。而间接故意是指行为人明知自己的行为可能发生危害社会的结果，并且放任这种结果发生的心理态度。

本案中，谢福柱一开始殴打妻子吕丹，并没有要杀害妻子的目的，可是当谢福柱发现妻子伤势严重，导致昏厥后，为逃避法律责任，谢福柱将妻子吕丹故意放到火车道上，他明知这样会导致妻子被火车撞死，而他放任、希望这种结果的发生，最终也导致吕丹被火车撞死，因此谢福柱杀害妻子的行为属于直接故意，已经构成故意杀人罪。

在法庭上，谢福柱对犯罪事实供认不讳，但辩称他殴打妻子的行为并没造成妻子吕丹的直接死亡，妻子的死亡是被火车撞上导致的，因此他的行为应该是故意伤害罪而不是故意杀人罪。那么，谢福柱将打晕的妻子扔到铁轨上致使妻子被火车轧死的行为到底构成何罪呢？

### 律师说法：故意杀人罪与故意伤害罪区别>>>

这两种犯罪容易混淆，主要是伤害致死与故意杀人罪的既遂，容易混淆的原因在于两种罪在客观方面都产生了死亡结果。而区别在于，前者为故意伤害他人，后者为故意剥夺他人生命。

本案中，谢福柱先前殴打妻子时并无害命的想法，其行为属于故意伤害，但其后谢福柱将妻子放置铁轨上，并静待火车撞死妻子，有明显的害命企图，因此其行为属于故意杀人。

> **法条链接>>>**
>
> ●《中华人民共和国刑法》
>
> 第二百三十二条　故意杀人的，处死刑、无期徒刑或者十年以上有期徒刑；情节较轻的，处三年以上十年以下有期徒刑。

法院经审理认定，被告人谢福柱故意非法剥夺他人生命，其行为已经构成故意杀人罪。最终法院以谢福柱犯故意杀人罪，判处死刑，缓期两年执行。

法官宣判的那一刻，谢福柱的心提到了嗓子眼，他期待能判得轻些，可理智告诉他，轻判不大可能。等判决宣读完，谢福柱立马就懊悔地哭了，为了一个留不住的妻子却搭进了自己的下半生，还有什么比这更蠢的呢？他现在最放心不下的是日渐苍老而又多病的母亲，以及年幼的女儿，不知道她们今后的生活该怎么过？没钱吃饭该怎么办？没钱看病该怎么办？没钱上学又该怎么办？而这一切，他都将无能为力。

婚姻的维系靠的是夫妻双方的感情，本案中，假设吕丹跟丈夫的感情一直很好，也许就不会有第一次出轨，更不会有第二次。当夫妻感情出现裂痕后，弥补裂痕的良药是坦诚沟通，而不是不会说话的拳头，暴力只会让裂痕越来越大直至无法弥合。而当夫妻感情到了此种地步时，放弃是最好的选择，既然已留不住心，又何必再强留身呢，强扭的瓜只会是苦瓜。

# 神秘的"男友"

**关键词** 诈骗罪 诈骗公私财物的量刑

2013 年 12 月 1 日，这天在刘芳看来可是个重要日子。早早起床后，刘芳精心打扮了一番，然后哼着歌出了门，出门后就开车直奔机场。原来这天是刘芳与自己的男朋友张东第一次见面的日子。

刘芳正对机场出口站着，高高地举着接人的牌子，生怕男友看不见。时间一点点过去，刘芳在人群中焦急地搜寻着，却始终没看见男友的身影，而此时男友乘坐的飞机已经抵达一个多小时了，飞机是准点到的，可男友怎么还不出现呢？

刘芳开始着急了，她心神不宁地刷着微信，询问男友张东到底在哪里，可让她无奈的是，对方在微信上始终保持沉默。刘芳急得转来转去，想给张东打电话，可却没有张东的电话号码。有读者可能要问了，这两个人不是恋爱关系吗，怎么会没有对方的联系方式呢？原来，刘芳虽然和张东谈了一年的恋爱，但两人却从未见过面，期间，两人都是靠微信联络感情的，除此之外，两人再无其他联系方式了。

刘芳有些烦躁了，她后悔之前没有坚持要张东的电话号码，而只是把自己的电话号码给了张东。如今飞机已抵达机场两个多小时了，可仍不见张东出来，难道张东出了什么事？刘芳忽然有了一种不祥的感觉，她想起曾和张东约定，张东登机后会给她发个微信，可张东却并没按约定给她发微信，莫非张东根本就没有登机？那么又会是什么事阻碍了他登机呢？刘芳想，如果张东临时有事耽搁了，也应该给自己发个信息，免得自己空等，既无信息又不见人，这究竟是怎么回事呢？

此刻，刘芳不再伸着脖子张望从出口走出的人群了，她开始低头胡思乱想。就在这时，她的手机响了，接通后，还没等刘芳询问对方是谁，电话那头就传来了一个老男人悲痛的哭声。刘芳以为打错了，刚要挂断电话，对方就呜咽着说：“你是刘芳吧，我是张东的父亲，我刚接到美国警方的电话，说张东在去机场的路上发生了交通事故，当场死亡了。”说到这儿，老人哭得更伤心了，随后老人说张东曾对他提起过刘芳，还把刘芳的手机号码告诉了他，让他在国内遇到什么为难事时就找刘芳。最后，老人声音沙哑地说：“孩子，别在机场等了，张东不会再回来了。”说完老人又呜呜地哭了起来。

听到这个消息，刘芳顿时感到一阵眩晕，对她来说，之前所有关于男友回国后的憧憬，此刻都化成了泡影，她拿着手机有点恍惚，等她缓过神来想再追问具体情况时，却发现电话早已挂断了。

一连几天，刘芳都沉浸在失去男友的痛苦之中，她想尽管她与张东生前无缘见面，充满了遗憾，但她一定要参加张东的葬礼，见张东最后一面，也不枉两人相爱一场。想到这儿，刘芳拿出手机找到张东父亲的电话回拨了过去，让刘芳没想到的是老人的电话一直关机。随后几天，刘芳又多次拨打了该电话，可电话却始终关机。

男友张东突然意外身亡，男友的父亲再也联系不上，这让一心想见张东最后一面的刘芳有些着急，她不停地翻看过往两人的微信聊天记录，希望能从中找到一些能联系到张东家人的线索。可看着聊天记录，刘芳渐渐感觉不对劲。原来，在过去的几个月里，张东以各种理由陆续从刘芳手里借走了29万元，至今分文未还，而张东却在回国前突然意外去世了，他的父亲自从给刘芳打过一次电话后就再也联系不上了，难道这一切全是巧合？一连串的疑问让刘芳忽然感到有些蹊跷，甚至有些上当受骗的感觉。为了弄清事情真相，刘芳带着疑惑走进了当地派出所，希望民警能帮她找到张东的家人。

接到报案后，民警根据刘芳提供的微信账号和银行账号进行了立案调查，结果让民警大吃一惊，刘芳口中所谓的男友竟然是位女子，更准确地说是个"90后"的小姑娘，名叫杜晓雪。

刘芳无论如何也没想到，她苦心期盼的男友竟是个比自己小将近10岁的小姑娘，这让刘芳在感情上实在难以接受。随着民警的深入调查，一个出乎意料的真相又浮出了水面。原来，这个杜晓雪竟是刘芳前夫李建国的情人，而在刘芳离婚前，杜晓雪和李建国就已经在一起了。刘芳不明白，自己和前夫已经离婚了，对两人的感情已不构成威胁，杜晓雪为什么还要来欺骗她？

原来，当初因为要不要孩子的问题，刘芳与前夫李建国逐渐产生了矛盾，两人的感情出现了问题，后来李建国在外面有了情人杜晓雪，最终导致刘芳与李建国离了婚。李建国离婚后，情人杜晓雪以为自己是"守得云开见月明"，终于有机会被"扶正"了，她即将过上富足的生活。李建国也以为自己和刘芳离婚后，杜晓雪将带给他全新的生活方式，生命将会开启绚烂的一页，不过后来的事情却并没有朝着他们预期的方向发展。

离婚后，李建国很快就和杜晓雪住到了一起，两人的矛盾也由此开始出现。说到花前月下，卿卿我我，年轻的杜晓雪确实擅长，可是说到关心照顾人，踏踏实实过日子，杜晓雪实在有所欠缺。天气渐渐转冷的时候，李建国开始胃疼，可杜晓雪对此无动于衷，两个人吃饭时她依然选择自己偏爱的麻辣口味，丝毫不考虑李建国身体的不适。对于杜晓雪这种只顾自己的生活方式，李建国心里有些不满，起初他也还体谅杜晓雪年轻好玩，并没多说什么。不过这时的李建国却开始暗暗怀念起前妻刘芳的好了，有时他也不免在杜晓雪面前感叹前妻刘芳的体贴温柔，这让一心想被"扶正"的杜晓雪心里很不舒服，两个人之间免不了因此拌嘴。

一天，杜晓雪趁李建国在洗澡时偷看了他的手机，杜晓雪发现李建国和前妻刘芳还保持着联系，这让她非常气愤，她因此认为她与李建国两人的感情之所以会出现问题，全是因为刘芳的纠缠。想到这，杜晓雪决定找机会教训一下刘芳，便偷偷地记下了刘芳的手机号。

对于男友和前妻牵扯不断的事情，杜晓雪心里有些失衡，她经常故意找碴儿和李建国吵架，希望李建国能断绝和前妻的联系，但李建国认为当初是自己对不起前妻，他希望能有机会弥补前妻。既然李建国在离婚后依然无法割舍对前妻刘芳的爱，那么当时他又怎么会和杜晓雪走到一起呢？或许时间是个重要的因素。

当初，刘芳和李建国结婚时，所有人都认为他们是极般配的一对，从性情、学识到家庭收入，两个人都极为登对，可就算是如此天赐良缘，也没熬过时间的洗礼。当激情退去，两人的感情逐渐趋于平淡，一些隐藏的问题就渐渐暴露出来了。刘芳向来寡言少语，她希望自己的一个眼神丈夫就能从中读懂自己的需要，可这些要求对于工作繁忙的李建国来说，实在有些困难。处于事业上升期的李建国，每天脑子里都装满了工作，回家后已经很累了，根本无暇顾及妻子的小情绪。刘芳开始感到一丝失落，她认为丈夫变了，不再关心自己了，这种想法偶尔也会反映在行动上，她有时会在生活中故意冷落丈夫，甚至偶尔对丈夫冷嘲热讽。起初，李建国并没有因此责怪妻子，他十分体谅妻子的多愁善感，有时也会为自己的粗心自责。

后来，两个人在要不要孩子的问题上产生了严重分歧，李建国认为自己年纪不小了，事业也稳定了，是时候该要个孩子了，他的父母也早就盼望着抱孙子了。而刘芳却坚决不要孩子，她认为生孩子是负担，会影响到她的生活品质，她打算"丁克"到底。虽说婚前两个人就孩子的事也有过沟通，不过当时谁也没太在意对方的想法，都以为对方只是说说而已，没想到婚后两个人为了孩子的事没少闹别扭，而且别扭越闹越大，先是偶尔拌拌嘴，后来竟发展到隔三差五地吵架，最后两个人开始了冷战，谁也不愿先搭理谁。

2011年的夏天，就在两个人的矛盾不断升级时，杜晓雪出现在了李建国的身边，成了她的下属职员。"90后"的杜晓雪，出生在农村，家庭条件不太好，可她特别爱享受，还有点贪慕虚荣。对杜晓雪来说，稳重又多金的李建国几乎满足了她对男朋友的全部设想，而对已近不惑之年的李建国而言，年轻又充满活力的杜晓雪有着极大的吸引力，于是一来二去，彼此都有意的两个人很快就发展成了情人关系。

此后，李建国越发感觉妻子刘芳太不如意，与开朗乐观的杜晓雪相比，悲天悯人的刘芳显得有些沉闷无趣。李建国把对妻子刘芳的各种不满一股脑儿地都倒给了自己的小情人，正是从李建国那里，杜晓雪了解到了刘芳很多过去的事情，还有一些李建国不经意间提到的刘芳的生活习惯。杜晓雪总是耐心地听着，嘴角还不时地露出微笑，心想她了解刘芳越多，将来就越有可能逼迫刘芳跟李建国离婚。

后来，贪恋杜晓雪美色的李建国对妻子刘芳越发冷淡，几乎不闻不问。敏感的刘芳从中发现了蛛丝马迹，她察觉到丈夫已经另结新欢背叛了自己，宁为玉碎，不为瓦全的她便主动向丈夫提出了离婚，而李建国此时自然爽快答应。2012年6月，刘芳和李建国的婚姻画上了句号。

然而，离婚后的李建国在经过与杜晓雪的一段同居生活后，才发现他与杜晓雪之间只是一时的激情，杜晓雪根本不能给予他家的温馨感觉，而前妻刘芳才是做妻子的最合适人选。于是，2012年年底，李建国向情人杜晓雪提出了分手。出现这样的结果，杜晓雪觉得这都是刘芳的错，是她还拽着李建国不肯彻底放手才导致两个人分手的。

杜晓雪不甘心就这样放走李建国这个"钻石王老五"，分手后她偷偷地跟踪过李建国，发现李建国经常大包小包地拎着东西去找刘芳，不过却几乎每次都是原样再拎走。这期间，杜晓雪也找过李建国，表示自己会改，今后会对他多些照顾和体贴，希望两个人重新开始，不过李建国都委婉地拒绝了。此时，杜晓雪心里对刘芳充满了敌意，认为是刘芳的存在给自己的幸福制造了障碍，她决定要想办法整治一下刘芳，这样做一方面是为了报复刘芳，另一方面也是为了让李建国彻底断了跟前妻刘芳复合的念想。

说来也巧，2013年2月的一天，杜晓雪在刷微信的时候，看到刘芳的微信竟出现在了通讯录推荐名单里，她突然眼前一亮，计上心来。于是，杜晓雪又注册了一个不与手机号码绑定的微信号，将性别设定为男性，还把地址设置为大洋彼岸的美国。随后杜晓雪在微信上申请加刘芳为好友，不过起初刘芳并没理会她。怎样才能引起刘芳的注意呢？杜晓雪记得刘芳在离婚前曾经摔伤过腿，便在第二次申请加好友时顺便问了一句刘芳的腿伤是不是已经好了？刘芳看到留言以为是熟人，没多想就通过了杜晓雪的验证申请。

眼看刘芳掉进了自己设计的陷阱，杜晓雪很兴奋，她在微信上自称叫张东，是某大医院的医生，现正在美国进修。杜晓雪所提到的这家医院，正是刘芳此前看腿伤的医院，刘芳以为在看病时见过张东，便放松了警惕，两个人随即聊了起来，后来话题越聊越广，又转到了私生活上。此时刘芳已经离婚快一年了，但她一直没有完全走出离婚的阴影，遇到杜晓雪扮演的风趣健谈的张医生，她就像在苦涩的海水里抓住了一根救命稻草，以前没跟别人倾诉过的苦恼，都一股脑儿地倒向了这个自称张东的人。

之前杜晓雪从李建国那里听到过很多刘芳的信息，如今有了"用武之地"，在聊天时，杜晓雪会故意制造一些两个人很相像的地方，这让刘芳有种相见恨晚的感觉。为了让刘芳彻底相信自己，杜晓雪常把一些从电视剧中学来的医学知识或是见到的手术场景，渲染一番后讲给刘芳听，她还从网上下载了一些美国乡镇的街头照片，修图之后发给刘芳。在杜晓雪的精心布置下，刘芳对杜晓雪扮演的张东越来越倾慕，并很快坠入了情网。

两人在网上确定了恋爱关系后，刘芳也曾提出过两个人打电话或者视频聊天，但杜晓雪总以两人要保持神秘感为由拒绝了，沉浸在爱情喜悦里的刘芳并没多想，还一直憧憬着两人有朝一日见面的情景。杜晓雪故意挑逗刘芳，自称年底完成博士论文后就能回国，希望回国后两个人的恋爱能从微信里走到现实生活中。

刘芳一心一意地等着男友张东回国，对前夫李建国的态度越发冷淡。李建国虽多次来找刘芳道歉，希望两人能复合，但都遭到了刘芳的拒绝。李建国不气馁，还是经常去找刘芳，每次去都抢着帮刘芳干家务。不过，沉浸在新的爱情甜蜜中的刘芳对前夫李建国的殷勤却视而不见。

杜晓雪暗中观察着刘芳，看到李建国频频出现在刘芳家中，杜晓雪的嫉妒心更盛了，她不再满足于只欺骗刘芳的感情，她要让刘芳付出更惨重的代价。

5月的一天中午，刘芳突然接到男友张东发来的微信，说自己从学校回家的路上被匪徒抢劫了，一时间身无分文，生活没了着落。听到这话，刘芳赶紧劝慰张东，说不忍让他受苦，愿意先借些钱给他应急，让他赶紧发给自己一个账号，收到账号后，刘芳先给张东汇过去了1万元，在确认张东收到钱后，刘芳又汇过去5万元。此后，杜晓雪假扮的"张医生"又以"要发论文没有钱""同学们毕业旅行钱不够"等理由，先后从刘芳那里借了20多万元。2013年10月，刘芳再次催促见面，张东又以无钱购买回国的机票为由再次向刘芳要钱，刘芳一心盼望着能早日见到男友张东，没多想就又给张东汇了3万元。从2013年5月到2013年10月，刘芳前后一共汇给了张东29万元。

随着约定回国的日期临近，杜晓雪开始筹划该怎样完美地结束这场骗局，不能让刘芳感觉上当受骗，否则被骗了感情和钱财的她一定会报警，于是杜晓雪就想到了"诈死"这招。

2013年12月1日这天上午，杜晓雪早早地来到机场，她在暗中观察着刘芳的一举一动，当她看到刘芳衣着靓丽地出现在机场时，她心中一阵窃喜，后又看到刘芳像热锅上的蚂蚁转来转去时，她更感到十分解气。后来杜晓雪用在报刊亭买到的电话卡拨通了刘芳的电话，为稳住刘芳，杜晓雪之前特意下载了特殊软件，将声音转化为老年男子，装成是张东的父亲，为了更真实，杜晓雪还装着哭腔说话。

后来，民警在杜晓雪的住处找到了她使用的银行卡和电话卡。面对大量的证据，杜晓雪不得不承认了自己的犯罪事实，而刘芳给她汇的钱大都被她挥霍了，买了喜欢的名牌包和首饰。

得知真相的刘芳气愤不已，这个可恶的杜晓雪不但拆散了她的家庭，还冒充男人来欺骗她的感情，甚至还骗了她 20 多万元钱。刘芳强烈要求司法机关严惩杜晓雪。

案件发生后，杜晓雪当小三拆散别人家庭又骗钱的事，很快就传到杜晓雪的老家，杜晓雪的父母对不知羞耻的女儿是又气又恨，可气归气，毕竟是他们的女儿。杜晓雪骗的钱已所剩无几，为了给女儿争取从轻处罚，两位老人四处筹钱，最后也只筹到 21 万元，仍有 8 万元无法退赔。

很快，检察院以杜晓雪涉嫌诈骗罪向法院提起公诉。

在法庭上，杜晓雪辩称她与刘芳在微信上谈恋爱，钱都是刘芳自愿给她的，她的行为并不构成犯罪。很明显，杜晓雪的案件确实不同于以往我们所熟知的诈骗形式，那么杜晓雪的行为是否构成诈骗罪呢？

### 律师说法：诈骗罪>>>

诈骗罪是指以非法占有为目的，使用虚构事实或者隐瞒真相的方法，骗取数额较大的公私财物的行为。

诈骗罪的基本构造为：行为人以不法所有为目的实施欺诈行为→被害人产生错误认识→被害人基于错误认识处分财产→行为人取得财产→被害人受到财产上的损失。

如今通过微信进行诈骗，是从普通诈骗中蜕变出来的一种新的诈骗形式，其具体区别就在于犯罪工具和手段，而其本质并没有不同，都是以非法占有他人（或公司）财物为目的而实施的犯罪行为。

本案中，作为第三者的杜晓雪拆散刘芳婚姻，本身就是不道德的，而后又将与李建国分手的责任算到前妻刘芳的头上，为解心中怨气，杜晓雪在微信上利用虚构的身份欺骗刘芳的感情，在取得刘芳的信任后，又以各种理由骗取刘芳的钱财，杜晓雪的行为很明显已经构成诈骗罪。

**法条链接>>>**

● 《中华人民共和国刑法》

第二百六十六条　诈骗公私财物，数额较大的，处三年以下有期徒刑、拘役或者管制，并处或者单处罚金；数额巨大或者有其他严重情节的，处三年以上十年以下有期徒刑，并处罚金；数额特别巨大或者有其他特别严重情节的，处十年以上有期徒刑或者无期徒刑，并处罚金或者没收财产。本法另有规定的，依照规定。

● 《最高人民法院、最高人民检察院关于办理诈骗刑事案件具体应用法律若干问题的解释》

第一条　诈骗公私财物价值三千元至一万元以上、三万元至十万元以上、五十万元以上的，应当分别认定为刑法第二百六十六条规定的"数额较大"、"数额巨大"、"数额特别巨大"。

……

第三条　诈骗公私财物虽已达到本解释第一条规定的"数额较大"的标准，但具有下列情形之一，且行为人认罪、悔罪的，可以根据刑法第三十七条、刑事诉讼法第一百四十二条的规定不起诉或者免予刑事处罚：

（一）具有法定从宽处罚情节的；

（二）一审宣判前全部退赃、退赔的；

（三）没有参与分赃或者获赃较少且不是主犯的；

（四）被害人谅解的；

（五）其他情节轻微、危害不大的。

　　法院经审理认为，被告人杜晓雪以非法占有为目的，利用虚构事实、隐瞒真相的方法，骗取他人财物，其行为已构成诈骗罪。最终法院以诈骗罪判处被告人杜晓雪有期徒刑五年六个月，并处罚金人民币 5 万元。

　　宣判当天，杜晓雪泪流满面，父母原本以为她会在外面堂堂正正地做人，可她却成了破坏别人家庭的第三者，还把自己送进了监狱，面对五年多的刑期，杜晓雪幡然醒悟，可这一切都为时已晚。

看着阴险狡诈的杜晓雪，李建国不寒而栗，庆幸自己没娶她。同时李建国心里也对前妻刘芳充满了愧疚，正是因为他，刘芳才被杜晓雪骗了，他暗下决心，一定要用后半辈子来弥补刘芳。

杜晓雪得到了应有的惩罚，可刘芳被愚弄的感情却不是一时半会就能消除的，此后她在网上交友更谨慎了，再不轻易加陌生人为好友。

本案中的杜晓雪为了贪图享受，过上富足的生活，可谓是不择手段，但最终却落了个身陷牢笼的下场。我们说，追求富足的生活本身并没有错，但财富要靠自己去创造，不能通过坑蒙拐骗取得，否则不但守不长久，还会给自己带来麻烦。另外，婚外情虽然一时浪漫，可却很难经得起平实的生活考验，毕竟生活不能永远激情澎湃。

# 替女婿出气酿悲剧

**关键词**  故意伤害罪  共同犯罪中的主犯和从犯

2015年大年初七的凌晨，熟睡中的肖强被手机来电惊醒，电话那头的岳父喘着粗气说："我已帮你出气了，那个混蛋被我在家里修理得服服帖帖，现在正跪在地上求饶呢！"肖强听后顿时被吓得睡意全无，电话那头隐约还能听到鞭打声和求饶声，他一边劝岳父马上停手，一边赶紧披了件衣服往岳父家跑。

岳父替肖强出的到底是什么气，他口中的混蛋又是谁？

匆忙赶到的肖强被眼前的景象吓了一跳，只见岳父正手持木棍对地上躺着的一个年轻人边打边骂，旁边还站着手持皮鞭的表弟，年轻人早被打得不成人形，蜷缩成了一团。肖强赶紧止住岳父，上前查看年轻人的伤势，只见他脸色煞白，嘴唇发紫，衣服都被打烂了，露出斑斑血迹。肖强紧张地劝岳父赶紧把人送去医院，否则会出人命的。岳父先是说这么个混蛋死了算了，但一想打死人是要偿命的，就同意了。遗憾的是，虽经医院全力抢救，年轻人终因伤势过重死亡。

岳父为帮自己出气闹出了人命，肖强很是懊悔，但事已至此，接下来是帮二人出逃还是劝二人自首呢？

这下肖强的岳父和表弟慌了，两人最先想到的是赶紧逃跑，肖强沉思了一会儿，劝说二人道："躲得了一时躲不了一世，你们原本没想杀人，如果自首的话顶多判个10年，总比躲躲藏藏过完下半辈子强。再说这事全因我而起，我会负责死者的全部赔偿，就算把店和房子都卖了，我也在所不惜，你们再好好想想。"听了肖强的话，两人思考了许久，觉得肖强说的话有道理，便同意自首。

随后，肖强带两人来到派出所，在门口处，肖强忽然转身跪在了岳父面前，悲痛地说："是我害得您老人家不能在家安享晚年，请岳父原谅。"岳父急忙把肖强拉了起来，悲戚地说："不怪你，要怪就怪我养了个不争气的女儿。"岳父为何埋怨女儿，她跟此事又有何牵连？

面对民警，肖强将昨晚岳父和表弟失手打死人的事做了交代，并说此事全因他而起，起因就发生在春节前。

原来，春节前肖强突然接到了法院传票和起诉书，他觉得莫名其妙，等看完材料后，他更觉得冤枉，原来告他的是妻子，妻子向法院起诉离婚，理由是肖强长期对她家暴，还出具了医院的诊断证明。肖强心想，他前几日确实打过妻子，但那是第一次，怎么能说长期家暴呢？

肖强越想越觉得委屈，便跑去找岳父评理。岳父一直拿女婿当儿子，翁婿关系非常好，知道此事后，岳父气得直跺脚，咬牙切齿地说一定替女婿出气，让他放心。肖强当时认为岳父是要劝妻子回心转意，没想到岳父竟会用暴力手段替自己出气。

妻子为何要起诉离婚？这和死者又有什么关系？要弄清楚事情的原委我们还得从头说起。

肖强年幼时，父母因车祸双亡，由奶奶抚养长大。18 岁时，奶奶去世，肖强独自到省城一家糕点店做了学徒，十年后，好学的肖强已成了糕点制作师傅。2008 年年初，28 岁的肖强回到家乡县城，一个人开了家糕点店。

肖强不但糕点做得好，人还老实和善，所以回头客特别多，生意越发红火。很快，一个人就忙不过来了，便找了一位叫王静的姑娘帮忙。王静当年20 岁，刚高考落榜，正找工作，听说肖强需要帮手，就毛遂自荐给他当了学徒。王静是个城里姑娘，母亲早亡，父亲拿她当掌上明珠，平时比较刁蛮任性。王静第一次参加工作很不适应，不是把糕点烤过了就是没烤熟，还经常丢三落四。对于这些，肖强并没有责怪她，还宽慰她说慢慢就好了。肖强的宽容让王静逐渐对他产生了好感，而他精湛的技艺更让王静倾慕不已。两个月后，王静发现自己爱上了肖强，直率的她决定向肖强表白。一天打烊后，王静便向肖强吐露了爱慕之情。肖强欣赏王静的直爽，但觉得两人年龄差距有点大，就婉拒了。可王静并没放弃，反而示爱更大胆了。慢慢地，肖强觉得王静并非一时头脑发热，而是真的爱上了自己，于是就接受了王静的爱。两人朝夕相处，感情发展很快，不久便谈婚论嫁了。王静的父亲希望女儿早点出嫁，也看好肖强，所以两人在当年就结了婚。

有了自己的店，如今又成了家，这让肖强志得意满，他开始畅想起未来一家人幸福生活的场景。

肖强的岳父老王是个暴脾气，年轻时没少跟人打架，如今在郊区一家畜牧场当管理员，一有不顺心就拿木棍打牲口出气。不过他对肖强却是非常好，因为肖强对待岳父就像亲生父亲一样，岳父家的大小事他都记着，岳父病了，也是他端汤送药，简直比女儿还孝顺。岳父平日骑摩托车上下班，到了冬天或刮风下雨天就很不方便，肖强就坚持早晚开车接送岳父。而且为了方便照顾岳父起居，肖强还在岳父家附近买了新房，走 5 分钟就能到岳父家。有这样的女婿哪个岳父不喜欢，没多久岳父就拿肖强当亲儿子看待了。

肖强对妻子也疼爱有加，妻子刁蛮任性，他就处处迁就，妻子喜欢寻求刺激常往迪厅跑，他也耐着性子陪着，所以夫妻俩相处得还算融洽。一年后，王静生了一个男孩儿，夫妻俩很高兴，肖强劝妻子专心在家照顾儿子，王静疼爱儿子就答应了。之后的 4 年，王静一心带孩子，刁蛮任性少了，迪厅也不再去了，但生活难免枯燥乏味。直到前年 9 月，儿子上了幼儿园，岳父也恰好退休了，王静才把儿子交由父亲接送，结束了全职太太的生活。

不再整日围着儿子转的王静终于闲了下来，她急于找事情做来充实生活，于是便决定再回店里工作。没想到正是她的这个决定，最终彻底毁了整个家庭。

肖强的糕点店早已今非昔比，规模扩大了，员工也已有六七人。王静工作几天后，发现店员们都被宽厚的肖强惯坏了，一点下属的样子都没有，也没把她这个老板娘当回事儿，唯独一个叫吴迪的帅哥除外，吴迪不但嘴甜还特有眼色，深得王静喜欢。王静想在店里树立权威，可有肖强在根本不可能，于是她便想到了另起炉灶。

一天，王静向肖强提议再开一家新店。肖强想了想说："主意不错，但我一个人顾不过来。"王静立马自告奋勇地说："这有什么，新店交给我管，只要从老店带个人过去帮忙就行。"肖强觉得妻子的话在理，就推荐带了3年的表弟协助她，不料妻子不同意，说表弟人太笨，点名要吴迪。肖强说："吴迪虽能说会道，但功夫差了点儿，怕不能胜任。"妻子不服气地说："做生意凭的就是嘴皮子，不会说别人怎知道东西好，再说吴迪不行还有我呢。"肖强听妻子这么说也就只好同意了。2014年5月，第二家店开业了，肖强和妻子各管一家，妻子也如愿将吴迪带到了新店。

可新店的生意一直不好，天天亏损，通过观察，肖强发现问题出在糕点的制作工艺上。他将原因告诉了妻子，妻子一脸沮丧地问他该怎么办，肖强建议还是让表弟到新店帮忙，表弟人踏实肯干，制作水平也高，让吴迪再回老店学习。妻子沉默了一会儿说："让表弟来可以，但吴迪也要留下，吴迪是我的左右手，我离不开他，再说他也可以跟表弟学，没必要回老店。"肖强见妻子坚持也只好同意，第二天就派表弟到了新店。之后新店的生意逐渐好转，一个月后就有了盈利。

新店生意有了好转，肖强心里总算踏实了，可妻子接手新店后的种种举动却让他隐约有些不安。

刚接手新店的妻子总会忙到很晚，肖强经常要等很久才能接妻子一块儿回家，没过几天妻子就以让肖强早点回家照看儿子为由不让肖强再接她了，还说吴迪可以顺路送她回家。肖强想太晚回家确实影响儿子休息，再说新店很快就上正轨了，到时妻子就不会晚归了。可没想到妻子晚归竟成了常态，而且越来越晚，有时还会住在店里。

按常理生意上了正轨都会越做越轻松，为何妻子却越来越忙了？

肖强将心中疑惑告知妻子，不料妻子听后大发牢骚说："我是第一次管店，当然要多花时间学习。"接着妻子反问肖强道："你是不是带了几天孩子厌烦了，我带了4年也没问过你为什么回家晚，你才带了几天就嫌我回家晚了。"妻子说完竟委屈地哭了，肖强赶紧安慰她，保证以后再不问了，不过他嘴上虽这么说，心里的疑虑却并没打消。

2014年12月的一天，王静很早就回到了家，坐在客厅里闷闷不乐，肖强觉得纳闷就问妻子怎么了，没想到这一问竟引得妻子号啕大哭，肖强赶紧边安慰边帮妻子擦眼泪，妻子这才止住哭声说："今天表弟烤煳了一个蛋糕，我只是随口说了他两句，他竟把蛋糕摔在地上，还把上前劝说的吴迪给打了，简直太放肆了！我不要表弟再待在新店里了。"肖强寻思了一会儿说："我没见表弟发过火，这次该不会有什么隐情吧？"还没等肖强说完，妻子又哭上了，说就知道肖强心里只有表弟根本没自己，后悔嫁错了人。肖强见妻子如此只好无奈地答应明天就让表弟回老店，妻子这才不哭了。

一向老实的表弟竟会冲动打人，这背后是否另有隐情，肖强决定找表弟问清楚。

第二天一早，肖强就让表弟回了老店。中午吃饭时，肖强主动问起了表弟昨天的事，表弟气愤地说："蛋糕是吴迪烤煳的，我把任务交给了他，可他竟一个小时不见踪影。表嫂不问情由就说是我的错，我一时气不过，再加上……"说到这表弟突然停住了，肖强不解地继续追问，表弟才又吞吞吐吐地说："再加上……再加上我实在看不惯表嫂和吴迪两人的亲密样子，这才摔了蛋糕，打了吴迪。"

表弟的话让肖强顿时没了食欲，表弟不是爱搬弄是非的人，难道妻子和吴迪真有什么特殊关系不成？之后几天，肖强经常到新店转悠，却始终未发现两人有什么特别亲密的举动，不仅如此，妻子回家也早了许多。

难道是自己冤枉了妻子，或是妻子做贼心虚故意掩饰？很快妻子就给了他答案。

两周后一个下雨的傍晚，王静给肖强打电话说新店漏雨，自己不放心，晚上就不回家了。肖强本想亲自去看看，可儿子不能没人照顾，只得再三叮嘱妻子注意安全。凌晨六点雨停了，儿子正在熟睡，肖强打电话给岳父让他帮着看孩子，自己则匆匆地开车赶到新店，想看看新店漏雨的情况。到新店后，肖强仔细检查发现，店里并没漏雨，他又走到仓房检查，发现仓房的灯还亮着，心想妻子一定是睡在这了，他轻轻地打开门，果然不出所料，妻子正睡在一张折叠床上，可让他惊讶的是妻子旁边竟还躺着一个男人，这个人正是吴迪。

肖强被眼前的一幕震惊了，他倒吸了一口凉气，接着一股无名之火涌上心头，他把两人从床上拽下来一阵拳打脚踢。两人被吓醒了，王静赶紧抱住肖强让吴迪快跑，吴迪拿起衣服便仓皇地跑了出去，王静这才松了手瘫坐在地上，肖强更加恼怒了，又猛踹了妻子几脚。此时的王静低着头一言不发，任凭肖强打骂。肖强一直很疼妻子，结婚多年从未打骂过妻子一次，可今天妻子实在是伤透了他的心，他心里乱极了，一时不想再看见妻子，便摔门出去了。妻子的出轨让肖强痛彻心扉，心乱如麻的他不断问自己这段婚姻还能再继续吗？

之后的一个月，妻子和吴迪再没露过面，两人的手机也都关机了。肖强猜测两人肯定是躲了起来。

妻子出走的日子里，肖强每天都在思考他们的婚姻，他想离婚，认为这段婚姻已经不值得再继续了，可一想到儿子他就心软了，每当听到儿子说想妈妈，他离婚的决心就会动摇一次。最后肖强甚至想，如果妻子能与吴迪彻底一刀两断，他愿意原谅妻子的出轨。可让肖强万万没想到的是，就在春节前，妻子竟向法院起诉离婚，说肖强对她长期家暴，还向法院请求新店的所有权和儿子的抚养权。

肖强觉得妻子说长期被家暴实在冤枉了自己，如果两人离婚的话，新店可以给妻子，但儿子的抚养权绝对不能给妻子。肖强越想越觉得委屈便找到岳父诉苦，岳父听后非常气愤，大骂吴迪混蛋，并承诺一定会帮肖强出气，没想到接下来竟发生了本案开头的一幕，肖强深夜接到岳父电话，说已帮他出气，待他到岳父家一看，吴迪已被岳父和表弟打得遍体鳞伤，肖强赶紧将其送至医院抢救，怎奈吴迪终因伤势过重死亡。

那么肖强的岳父和表弟是怎样将吴迪骗至案发现场的？又对他实施了怎样的殴打才致其死亡？

据肖强的岳父老王供述，他和女婿情同父子，在听到女婿诉苦后他很生气，就拍着胸脯对女婿说："放心，我一定替你出气，绝不让你们夫妻离婚。"老王本想等春节女儿来给自己拜年时好好劝劝她，让她回心转意，没想到整个春节，女儿不但没露面，连个电话也没有。这让暴脾气的老王很窝火，决定好好教训一下吴迪这个混蛋。于是老王找到了肖强的表弟小龙共谋此事。老王让小龙找人给吴迪带个口信，就说他已知道女儿起诉离婚的事了，他也觉得肖强比女儿年龄大的太多，支持女儿离婚后跟吴迪在一起，但是想先见见吴迪，让吴迪一个人初六晚上 7 点到他家吃晚饭。信息传给吴迪后，老王和小龙就专等吴迪上门了，两人为他准备了一根木棍和一条皮鞭，都是老王在畜牧场工作时用过的工具。

初六晚上，吴迪准时出现在了老王的家门口，手里还提了一些拜年礼品，可没想到老王和小龙竟用一顿木棍和皮鞭还了他的大礼。两人轮流对吴迪进行了殴打和辱骂，从晚上 7 点一直折腾到凌晨 1 点，直到两人都打累了，吴迪也趴在地上不动了，老王才觉得解了气，这才给女婿肖强打了电话。可两人怎么也没想到吴迪会这么不禁打，竟被他们打死了。

案件真相大白，老王和小龙因故意伤害罪被刑事拘留，肖强也在第一时间向吴迪的家属支付了 5 万元丧葬费。

警方很快传唤了王静，得知吴迪被父亲打死后，王静失声痛哭，她坦承这一切都是她的错，自小她就刁蛮任性，高中时喜欢找刺激的她还常去迪厅玩。后来她爱上肖强并结了婚，婚后肖强对她百般疼爱和迁就，直到儿子出生后她才慢慢收敛了任性，也没时间去迪厅找刺激了，但一成不变的生活让她感到枯燥乏味。

重回店里工作后，王静被帅气的吴迪吸引，日渐枯萎的心重新被点燃。

为树立她在店里的权威，也方便两人相处，她劝说丈夫开了新店，并将吴迪带在了身边。很快禁不住诱惑的两人便如胶似漆，两人总会待到很晚，有时干脆住在店里。王静本以为丈夫永远不会知道她出轨的事，没想到不久就被丈夫当场抓了个正着。

出轨被抓的王静认为她的婚姻就此结束了，但她舍不得儿子，又想以后的生活能有个保障，便以家暴为由向法院起诉离婚，并争取新店的所有权和儿子的抚养权。王静的打算很好，可她没算到这家破人亡的结局。

很快，检察院便以老王和小龙涉嫌故意伤害罪向法院提起了公诉。

在法庭上，老王对自己的犯罪事实供认不讳，但他辩称自己并没有想杀死吴迪，是由于自己的过失行为才造成吴迪死亡的后果，因此他的行为应属于过失致人死亡罪。

过失致人死亡罪在量刑上要比故意伤害罪轻很多，那么老王到底该判何罪呢？

### 律师说法：故意伤害罪>>>

故意伤害罪是指故意非法伤害他人身体并达到一定的严重程度、应受刑法处罚的犯罪行为。该罪在主观方面表现为故意，即行为人明知自己的行为会造成损害他人身体健康的结果，而希望或放任这种结果的发生。

故意伤害致死与过失致人死亡罪在客观上都造成了被害人死亡的结果，主观上对死亡结果均出于过失。区分的关键是行为人主观上有无伤害的故意。故意伤害致死，行为人主观上具有伤害的故意，但对死亡结果是过失的，属于复杂罪过。过失致人死亡的，行为人主观上无伤害的故意，只对死亡结果有过失。

本案中，老王和小龙采用暴力殴打方式行伤害之实，主观上有故意非法伤害他人身体的犯罪目的，并不属于过失致人死亡罪的情形，应该构成故意伤害罪。

**法条链接**>>>

● 《中华人民共和国刑法》

第二百三十四条　故意伤害他人身体的，处三年以下有期徒刑、拘役或者管制。

犯前款罪，致人重伤的，处三年以上十年以下有期徒刑；致人死亡或者以特别残忍手段致人重伤造成严重残疾的，处十年以上有期徒刑、无期徒刑或者死刑。本法另有规定的，依照规定。

法院经审理认定，老王在伤害过程中起主要作用，系主犯，小龙起次要作用，系从犯。最终老王和小龙被以故意伤害罪，分别判处有期徒刑十五年和三年的不等刑期。并判处两人向死者吴迪家属支付 50 万元的民事赔偿。

**法条链接**>>>

● 《中华人民共和国刑法》

第二十五条　共同犯罪是指二人以上共同故意犯罪。

二人以上共同过失犯罪，不以共同犯罪论处；应当负刑事责任的，按照他们所犯的罪分别处罚。

第二十六条　组织、领导犯罪集团进行犯罪活动的或者在共同犯罪中起主要作用的，是主犯。

三人以上为共同实施犯罪而组成的较为固定的犯罪组织，是犯罪集团。

对组织、领导犯罪集团的首要分子，按照集团所犯的全部罪行处罚。

对于第三款规定以外的主犯，应当按照其所参与的或者组织、指挥的全部犯罪处罚。

第二十七条　在共同犯罪中起次要或者辅助作用的，是从犯。

对于从犯，应当从轻、减轻处罚或者免除处罚。

得知审判结果后，老王后悔不已，没想到一时冲动竟害了人命，现在只能在监狱里养老了。

　　王静知道是她不甘寂寞一时禁不住诱惑出轨才引发了命案，情人因她丧命，父亲因她入狱，丈夫和儿子也因她蒙羞。她没脸再见父亲，在跟肖强办理了离婚手续后，就只身离开了家乡到外地打工去了。

　　肖强没想到自己的婚姻经营不善会给岳父和表弟带来牢狱之灾，他将车子和房子变卖，凑足 50 万元支付了死者的赔偿款，之后一边带着儿子继续经营两家糕点店，一边盼着岳父和表弟能早点出来。

　　婚姻具有排他性，忠诚是婚姻关系的基本要求，保持性爱专一是男女双方对人格价值的尊重，也是对婚姻的尊重。而婚姻总是始于美丽而终于平淡，平淡的生活更能考验一个人对婚姻的忠诚。本案中的王静因为对平淡生活失望而出轨，又为了一时贪欢最终落得家破人亡。因错爱而酿成了悲剧。

# 向初恋借钱之后

**关键词**　指定辩护制度　故意杀人罪

2013 年 9 月的一天，一筹莫展的郭峰接到高中同学打来的电话，说要举办个同学聚会，邀请他参加。郭峰先是委婉地拒绝了，可同学不依不饶，说郭峰是当年的班长，聚会一定要参加，再说老同学相聚正好散散心。郭峰见推不掉只好答应了。而他之所以不愿意参加聚会，是因为他眼下有个大麻烦。

郭峰是一家证券公司职员，因职务之便常在网上炒股。2013 年 6 月，股市不景气，郭峰买的股票都急剧下跌，为挽回损失，他将全部积蓄拿出来补仓，可非但未能挽回损失，反而赔得更多了。无计可施之际，他暂借了 30 万元高利贷应急，最终 30 万元也打了水漂。自己的钱赔了就算了，高利贷总是要还的，还款期限 3 个月，利息 10 万元，连本带利 40 万元，已经破产的郭峰该到哪儿去筹钱呢？

为此，郭峰整日愁眉不展，眼看还款期限就要到了，他更是心急如焚。此时，同学却邀请他参加聚会，他碍于情面只得去了。然而让郭峰惊喜的是，他竟意外碰到了一个贵人，一句话就帮他解决了欠款 40 万元的难题。

原来郭峰遇到的贵人不是别人，正是他的初恋情人高慧。郭峰和高慧是高中同班同学，当时两人是恋人关系，高中毕业时，郭峰考上了大学，而高慧却名落孙山，不得不开始打工赚钱。不久郭峰觉得两人共同语言越来越少，便提出了分手，高慧曾多次哀求均未能挽回这段感情，只好无奈放手。此后多年两人再没联系。

三年前，郭峰结了婚，夫妻恩爱，还有了个可爱的儿子，家庭生活也算幸福美满。而高慧在感情上却一直磕磕绊绊，跟郭峰分手后，她很久没再谈恋爱，后来交了一个男友，可没坚持半年男友就以高慧个性太强为由跟她分手了。这之后高慧对感情再不抱希望，转而把心思全放到了事业上，前几年她开了家美容店，生意一直不错，赚了不少钱。

因没考上大学自卑，高慧跟同学都断了联系，之所以参加聚会，也是前几天一个同学碰巧到她店里做头发时邀请了她。郭峰原本以为，此生跟高慧不会再有任何接触，没想到在同学聚会上不期而遇。然而也正是这次相遇，最终把他俩送上了不归路。

郭峰再次见到高慧时，不敢相信眼前这个穿着打扮时髦而又气质出众的女子就是自己的初恋情人，他突然觉得有些尴尬，便离高慧远远地坐下了。当晚，郭峰因高利贷的事借酒消愁，引起了高慧的注意。高慧主动坐到他身旁，关切地问他有什么烦心事。郭峰便将欠了40万元高利贷的事告诉了她。高慧听后沉思了一会儿说："我可以暂时借钱给你还债，但你要在元旦前还给我。"郭峰听后惊喜万分，感动得不知该说什么好。

初恋情人的仗义之举让郭峰十分感动，可万一以后不能如期还上高慧的钱该怎么办呢？郭峰将担心如实说了出来，高慧听后大笑起来，俏皮地说："如果到时真还不上，那就娶我呗，用感情还债吧。"郭峰认为高慧是酒后戏言，便一笑了之。

第二天高慧就如约将40万元打入了郭峰的账户，郭峰给她打了一张40万元的借条，承诺2014年元旦前还钱。之后两人的联系越发多了起来，就像非常要好的老朋友，对郭峰来说，这种感情更多的是感激，而高慧却像把郭峰当成了感情寄托，喜怒哀乐都要跟他分享。

郭峰一直在盼着股市尽快回暖，可眼看到年底了，一点回暖的迹象也没有，他再次急得团团转，最后他决定找高慧当面谈谈，看能不能再宽限他一段时间。郭峰本以为高慧还会和上次一样仗义，不料高慧却斩钉截铁地回绝了他，还要他兑现之前娶她的承诺。

郭峰听后顿时目瞪口呆，过了好一会儿才后悔地说："我当时以为那只是你的一句玩笑话，并没当真。"高慧很不高兴地说："我当时是很认真的，40万可不是小数目，是我多年的积蓄，我怎会开这么大的玩笑呢？"高慧顿了顿，接着含情脉脉地看着郭峰继续说道："再说我提的条件也是出自真心，自从我们分手后，我就一直对你念念不忘，上次见面后，我就认定这是上天有意要成全我们，所以我才会拿出多年积蓄帮你还债。"

郭峰听完高慧的表白，脑袋顿时开了锅，十多年过去了，当时那个小鸟依人的女孩已成了能独当一面的女强人，而那个年少无知的少年也已身为人父，当初的感情早已无影无踪，不可能再重来。郭峰劝高慧不要沉浸在过去，尽快寻找新的幸福，可高慧听不进去，固执地要郭峰必须兑现承诺。此时郭峰不免害怕起来，既说服不了高慧，又没钱还她，难道自己真要用感情还债不成？

回到家，郭峰默默地坐在沙发上，他想了很多，自己没钱没本事，没房没车，却娶了一个温柔漂亮的好媳妇，还有一个活泼可爱的儿子，前几年父母相继去世，这个家就是他最宝贵的财富了，如今却有人要逼着他放弃这一切，他该怎么办呢？

之后一个多星期，郭峰一直刻意躲着高慧，可高慧却丝毫没有放过他的意思，每天都打电话催促他，最后甚至威胁说如果过了元旦郭峰还没跟妻子离婚，她就亲自找郭峰的妻子谈这件事。

郭峰被咄咄逼人的高慧搞得心力交瘁，他最终决定跟妻子暂时离婚，等有了钱就把欠高慧的债还上，再跟她断绝关系，然后跟妻子复婚。可问题是妻子会同意吗？

一天晚上，郭峰和妻子促膝长谈。当妻子谈到一家人的未来时，郭峰再也控制不住内心的压抑大哭了起来，妻子不知怎么了赶忙劝解。这时，郭峰突然跪在了妻子面前，将炒股亏本借高利贷和高慧替他还债，以及高慧逼婚的事一股脑儿全告诉了妻子。

妻子一动不动地听着，她没想到丈夫竟会答应这种用感情还债的荒唐条件，她失望地问郭峰打算怎么办。郭峰将计划告诉了妻子，并保证说只要将来有了钱，会立马还清债务回到她和孩子身边。听到丈夫如此说，妻子掉下了眼泪，没想到深爱的丈夫竟可以因为钱出卖感情，她还有什么可留恋的呢？过了许久，妻子终于冷冷地说："我同意离婚，至于复婚就没必要谈了。"听到妻子的话语，郭峰顿时心如刀绞，他知道他伤透了妻子的心，可他也是迫不得已啊。

元旦刚过，郭峰就跟妻子离了婚，净身出户。高慧为自己的胜利感到高兴，还急切地想要跟郭峰结婚，可让她没想到的是，她的婚事竟遭到了母亲的强烈反对。

高慧的父亲十年前因病去世，之后高慧就和母亲赵秀萍相依为命。女儿的婚事让赵秀萍操碎了心，她到处托人给女儿介绍对象，可高慧一开始还勉强去相亲，后来就不搭理了，母女俩的关系越来越差。为远离母亲的唠叨，一年前，高慧在离家较远的小区买了套房，搬出了家。自此母女俩见面次数也少了。

这天，高慧带着郭峰到了母亲家，说两人又重归于好了，要结婚，希望母亲能同意。赵秀萍听后顿时愣住了，她早听说郭峰结婚了，怎么又要跟自己的女儿结婚，她急忙拉着高慧到卧室问怎么回事。高慧就把两人相见和郭峰用感情还债的事告诉了母亲。赵秀萍听后顿时火冒三丈，她质问女儿道："你难道忘了当年你就是因为跟郭峰谈恋爱才没考上大学，最后还被他抛弃的事了吗？现在他竟为了钱离婚，这种人根本靠不住！"最后赵秀萍告诫女儿，用钱买感情是对自己的不负责任，劝女儿赶紧收手，不要一错再错！可高慧根本听不进母亲的劝告，她坚定地说："就算你不同意，我也要跟郭峰结婚。"说完就拉着郭峰离开了。

高慧和郭峰两人很快就办理了结婚登记，可婚后的生活却让两人怎么也找不着幸福的感觉。婚后，高慧对郭峰百依百顺，再没提钱的事，还费尽心机地讨郭峰欢心。可郭峰因思念前妻和孩子，整日郁郁寡欢，他对高慧就如尽义务一般，丝毫看不出有半点爱意。高慧很失望，却不肯认输，心想既然金钱能逼郭峰跟自己结婚，也就能买到他的真心。

于是，高慧对郭峰展开了金钱攻势，只要郭峰看上的东西，她都会毫不吝啬地买来送他。很快郭峰就被高慧打造成了穿着名牌开着私家车的大款形象，形象的转变让郭峰吸引了无数羡慕的目光，这让他的心情好了不少，而作为回报，他对高慧的态度也不再冷漠了。

可正当高慧为自己的胜利沾沾自喜时，一件突如其来的意外让她彻底明白了，她并没有赢，而且永远也不会赢。

2014年10月的一天，郭峰接到前妻的电话，说儿子在玩耍时碰伤了头，鲜血直流，正在医院抢救。郭峰随后心急火燎地赶到医院，所幸儿子没什么大碍。郭峰想留在医院陪儿子，尽点做父亲的责任，可高慧却认为郭峰是想借陪儿子的机会跟前妻再续前缘，她没那么傻，把好不容易抢到的丈夫再送回去，如果郭峰执意要去，就先把欠她的40万元还了。

郭峰被高慧的冷漠震惊了，儿子正躺在医院，她却在此时讨债，霎时愤怒涌上心头，他狠狠地对高慧说："我早就不爱你了，我的心里永远都只有前妻和儿子！我会尽快筹齐40万元还你，到时我们立马离婚！"

说出了压抑已久的心里话，郭峰畅快极了，他想要重新回到前妻和儿子身边。离婚后，前妻一直对郭峰不理不睬，从未主动找过他，要不是儿子出事，她也不会打电话给郭峰，可这也让她明白郭峰仍是她心里最重要的依靠。

之后几天，郭峰和前妻一直守在儿子身边。郭峰拉着前妻的手说："我离婚后没有一天不想念你们母子，如今我已跟高慧摊牌了，等筹到40万元就跟她离婚，到时我们就复婚。我发誓今后再也不干离婚的糊涂事了！"前妻看着一脸悔意的郭峰和日夜思念爸爸的儿子，也心软了，便答应了郭峰的复婚请求。

获得了前妻的谅解郭峰很高兴，可一想到40万元巨款，他就又陷入了苦恼。说来也巧，之后一个月股市的行情一天比一天好，郭峰的股票已开始扭亏为赢了，为早点筹齐40万元，郭峰没等股票涨到最高点再卖，而是早早地抛售套现了。筹齐了钱，郭峰第一时间找到高慧要同她离婚，可高慧却提出了一个更高的要求。

看着郭峰递过来的 40 万元支票，高慧冷笑着说："我知道强扭的瓜不甜，既然你想离婚，我没意见，只是 40 万元是去年的借款，总要算些利息吧，而且结婚一年来，我供你吃住，又买衣服又送车，也该算进去，再说离婚是你提出的，也总该给我些补偿吧，这样算下来，你现在最起码也要付我 100 万元才行！"

100 万元！郭峰简直不敢相信自己的耳朵，他大骂高慧无情无义。高慧反唇相讥道："是你无情无义在先，跟我结了婚还一心想着跟前妻复婚，我不过是以其人之道还治其人之身罢了。"郭峰想高慧是故意刁难，便气愤地说："就算不能离婚，我也不会再爱你。"

之后，郭峰又多次跟高慧谈起离婚的事，却一再遭到拒绝。高慧强硬的态度让郭峰越来越绝望，也让他逐渐丧失理智，他开始不时对高慧进行谩骂，最后竟动起了拳脚。

2015 年元旦，两人吵架时正巧被高慧的母亲赵秀萍撞上，她看着被打得浑身是伤的女儿伤心地哭了，她大骂郭峰混蛋，高慧再不好也是他的恩人，他是恩将仇报。接着赵秀萍又苦劝女儿趁早放手，感情不能强求。事到如今，高慧也早就明白了，可她还是不服输，她恨恨地说："我宁愿跟他同归于尽，也不要离婚。"

赵秀萍知道女儿虽然好强却非常爱惜生命，并没把这话当真，可让她万万没想到的是，当天夜里女儿的话竟变成了现实。

凌晨六点，赵秀萍接到女婿郭峰的电话，他有气无力地说："我和高慧都煤气中毒了，已打了急救电话……"接着电话就断了。赵秀萍随后疯了似地赶到女儿家，一股煤气味扑面而来，她直冲卧室，女儿躺在床上，身体已发凉，没了呼吸，而郭峰趴在床前，虽身体温热，但呼吸微弱。赵秀萍顿时六神无主，号啕大哭起来。救护车很快赶来，医生确认高慧已中毒死亡，便只将昏迷的郭峰送到医院抢救。

赵秀萍抱着女儿哭了很久，她想不通好端端的女儿怎会突然没了，可人死不能复活，她只好赶紧给亲戚打电话，让他们来帮忙处理后事，至于女儿死亡的原因只能等女婿救活后再说。

所幸郭峰并无大碍，经简单抢救后就苏醒了，当医生告诉他高慧已死亡时，他痛哭不止，立即赶回了家。郭峰跪在岳母面前痛哭说："都是我不好，要是昨晚我好好劝劝高慧，她也不至于开煤气自杀。"听到这，赵秀萍不禁一愣。据郭峰说，昨晚高慧一直在哭，他因烦闷便到客厅早早睡了，没想到早上醒来满屋子煤气味，他浑身无力，等挣扎着跑到厨房一看才发现煤气阀被打开了，他关上阀门便跑到卧室，叫高慧没叫醒，赶紧打了急救电话，接着又给岳母打电话，可没说几句他也昏了过去，待在医院醒来后才知高慧已身亡了。最后郭峰不无悲痛地说："昨天她说要跟我同归于尽，我没当真，没想到她昨晚竟打开了煤气，要不是我睡觉有开窗的习惯，恐怕也随她去了。"说罢郭峰泣不成声。

赵秀萍也没想到女儿的气话竟成了真，看着伤心欲绝的郭峰，又想到女儿一贯的任性，她也相信女儿是自杀了。这时，郭峰又对岳母保证说："我一定竭尽所能为高慧办一个体面的葬礼，而且今后还会像亲儿子一样侍候您老人家终老，您就放心吧。"郭峰的话让赵秀萍感动不已。然而，接下来发生的事情，却让赵秀萍对女儿死亡的原因产生了怀疑。

当天，赵秀萍为女儿买来寿衣由亲友帮忙穿戴，其中一个亲友发现高慧右手的几个指甲顶端有变形，里面还有血迹，而她身上却无一处伤痕，事有蹊跷，亲友便告诉了赵秀萍，说高慧的死也许另有隐情。赵秀萍觉得有道理，便偷偷报了警。

民警随后找到当日为郭峰急救的医生了解情况，医生说救护车赶到时高慧就身亡了，而郭峰却中毒不深，脉搏和心电图都接近正常，简单抢救后就苏醒了，两人同处一室，这么大差距确实有些异常。另外在郭峰的胸部还有几处抓痕，像是新伤。

了解到这些，警方觉得郭峰有重大作案嫌疑，便立即将郭峰带到了派出所。在铁证面前，郭峰终于承认了杀妻的事实。

原来，郭峰在听到高慧说宁愿同归于尽也不离婚的话后，就想除非高慧死了，否则他甭想复婚。而恰好最近一起煤气中毒死亡事件给了他灵感。刚开始这个想法让郭峰很害怕，可最终因他对前妻和儿子的爱，以及对高慧的恨促使他下决心要将想法付诸实施。

凌晨，看着熟睡的高慧，郭峰忽然不忍心了，毕竟这个女人是爱自己的，还曾帮他渡过难关，可如果现在不狠心，他下辈子就要继续在这场无爱的婚姻中煎熬，最终他还是决定一不做二不休杀了高慧。他将一个枕头死命地按在高慧脸上，高慧被惊醒，双手在郭峰胸前乱抓，右手指甲正好抓伤了郭峰的胸部，很快高慧就停止了挣扎。接着郭峰先打了急救电话，后又装作有气无力地给岳母打了电话，这才打开煤气阀，待煤气弥漫至卧室后就立即将气阀调到最小，然后便趴到高慧床前等待急救。

郭峰就这样用煤气中毒掩盖了自己杀妻的真相，让他没想到的是案件竟会这么快被侦破。直到此刻他才为恩将仇报杀了一直深爱自己的恩人而感到愧疚，他陷入了深深的自责中。

很快郭峰就被检察院以涉嫌故意杀人罪向法院提起了公诉。

案件审理过程中，被告人郭峰知道自己罪孽深重，对不起前妻和孩子，更对不起死去的高慧，杀人偿命天经地义，他只求一死。因此，郭峰拒绝家人为他请律师，声称他不需要辩护，可让郭峰意外的是法院竟为他指定了律师为他辩护。郭峰不明白请不请律师是他的权利，法院为什么非要给他指定辩护律师呢？

**律师说法**：指定辩护制度>>>

指定辩护制度是指刑事诉讼中行使侦查、起诉、审判职权的国家机关为符合条件的犯罪嫌疑人、被告人指定辩护人为其提供辩护的制度。

现代法制对于司法公正的基本要求之一，就是任何涉及对犯罪嫌疑人是否构成犯罪及如何处罚的审判，都必须给予他充分的辩护权，包括保障其获得律师帮助的权利。在审判实践中，指定辩护制度可以平衡控辩双方的地位，从而有效地制约司法权力的滥用，保护涉诉公民的合法权益。

本案中，被告人郭峰虽然自知罪孽深重，愿意以死偿命，而以他所犯的罪行，很可能会被判处死刑或无期徒刑，但是作为司法机关必须保障其作为一个公民的合法权益。因此，尽管郭峰拒不委托律师辩护，人民法院还是应当为其指定辩护人。

**法条链接>>>**

● 《中华人民共和国刑事诉讼法》

第三十四条　犯罪嫌疑人、被告人因经济困难或者其他原因没有委托辩护人的，本人及其近亲属可以向法律援助机构提出申请。对符合法律援助条件的，法律援助机构应当指派律师为其提供辩护。

......

犯罪嫌疑人、被告人可能被判处无期徒刑、死刑，没有委托辩护人的，人民法院、人民检察院和公安机关应当通知法律援助机构指派律师为其提供辩护。

● 《最高人民法院关于适用〈中华人民共和国刑事诉讼法〉的解释》

第三十九条　被告人没有委托辩护人的，人民法院自受理案件之日起三日内，应当告知其有权委托辩护人；被告人因经济困难或者其他原因没有委托辩护人的，应当告知其可以申请法律援助；被告人属于应当提供法律援助情形的，应当告知其将依法通知法律援助机构指派律师为其提供辩护。

告知可以采取口头或者书面方式。

第四十二条　对下列没有委托辩护人的被告人，人民法院应当通知法律援助机构指派律师为其提供辩护：

（一）盲、聋、哑人；

（二）尚未完全丧失辨认或者控制自己行为能力的精神病人；

（三）可能被判处无期徒刑、死刑的人。

高级人民法院复核死刑案件，被告人没有委托辩护人的，应当通知法律援助机构指派律师为其提供辩护。

最终，郭峰接受了法院为其指定的辩护人。由于案件事实清楚，证据确实充分，最后法院以郭峰犯故意杀人罪，判处死刑缓期两年执行。

　　看着来探望自己的前妻和儿子，郭峰痛哭流涕，本想着有朝一日还能跟前妻复婚，现在却再也不能实现了，他只希望前妻能将儿子好好抚养成人，他已准备好为自己的罪行赎罪。而最痛心的还是赵秀萍，她后悔最初没能阻止女儿的这场无爱婚姻，相依为命的女儿没了，她只能孤独终老了。

　　爱情是人类最美的情感，也是最脆弱的情感。当两情相悦时，它会散发出醉人的芬芳，而当一厢情愿时，它就会释放出毒气，让两个人都尝尽悲苦。本案中的高慧正是因为对郭峰的一厢情愿，利用还债契机逼迫郭峰离了婚又跟自己结婚。在明知郭峰不会再爱自己的情况下仍然不肯放手，最终给自己招致了杀身之祸。

　　"爱情不是买卖，就算千金来买都不卖"，这句歌词道出了爱情的本质，可无论是用钱买感情的高慧，还是用感情还债的郭峰，竟都将爱情当作了买卖，最终两人都自食苦果。

# 后　记

2017 年春节刚过，我就接到央视《法律讲堂》栏目执行主编刘念老师的电话，说要我将过往的稿件整理成书稿形式，结集出版。听到这个好消息，我竟一时激动得不知道该说什么好了，之前一直非常羡慕相继出版了图书的杨波老师和潘悦老师，总期待有一天我也能出书，没想到此刻竟梦想成真了，真有种被天上的馅饼砸中的感觉，以至于到了晚上还兴奋得难以入眠。

从 2012 年到 2017 年，我在央视《法律讲堂》栏目做主讲人已经 5 年了，期间录制节目近百期。回想过去的 5 年，我收获了很多，需要感谢的人也很多。能登上央视的舞台，对我来说犹如做梦一般，我本是个中专生，还做过五年的保安，是后来通过自学考试取得了法律专科和本科学历，再后来又通过了司法考试，之后便成为了一名律师。可以说在《法律讲堂》栏目组的所有律师中，起初我的资历是最浅的。无论从稿件写作，还是讲述状态，我的表现都不尽如人意，但是栏目组的各位老师却始终对我不抛弃不放弃，是他们的鼓励和支持，才最终让我登上了央视的舞台，并在这个舞台上站立了五年，谢谢你们！

做节目必须要先有稿件，至今清楚记得，我最初搜肠刮肚写了大半个月的两篇稿件竟然都被毙掉了，这对我是个不小的打击，还没上路就连番遭劫。虽然起初很不顺利，但我并没有因此打退堂鼓，我是个不会轻易认输的人，我认为自己不比别人差，别人能做到的，我也一定可以，别人做一遍就成功，我可以做上十遍百遍，甚至千遍。后来，功夫不负有心人，我的第三篇稿件终于通过了。有了稿件就要开始练习讲述状态，为了能在第一次开讲时有个好的表现，每天下班后，我就在桌子上用书搭起讲台，把手机摆在前面，开始"试讲"。为了不卡壳，一篇 6500 多字的稿子我竟背了上百遍，好在我的第一期节目《婚礼闯来急救车》顺利播出了，我终于在《法律讲堂》

栏目完成了首秀。

一件事情做久了，人总会感到疲倦，一个地方待久了，人也总会想着换换环境，可对于我待了 5 年的《法律讲堂》栏目来说，我却丝毫没有疲倦或想要逃离的感觉。《法律讲堂》栏目是我梦想开始的地方，可以说我的事业是从参加了这个栏目后才有了腾飞，对此我由衷地感激这个栏目，以及栏目组的每一位成员，尤其是社会与法频道综合部副主任权勇，《法律讲堂》制片人苏大为、执行主编郝燕飞，以及李妍、王守先等编导，当然最该感谢的还是执行主编刘念老师，我与她接触最多，她对我的帮助也最大。是他们为我的事业之船扬起了远航的帆，假如没有他们，我现在大概还只是一名默默无闻的小律师，很难成为行业精英，更不会有自己的律师事务所——河北管文军律师事务所。再次对他们所有人说声谢谢！大概就是因为这个原因，我对《法律讲堂》栏目有一种家的感觉，现在离不开，将来也忘不了。

律师不仅是社会法治的践行者，也是社会良心的守护者，将作恶者绳之以法，还公平正义给受损害者，多少有些古代侠客的风范，但侠客用的是刀剑，而律师用的却是法律。让人有些遗憾的是，现在违法者越来越多，很大的原因是因为还有很多人不懂法，也正因为如此，我认为中国的普法宣传必须加强。很多人常将"不知者无罪"挂在嘴上，其实这在法律上讲不通，法律看的是行为本身，不会因为谁不了解内情，谁不懂法，就对谁网开一面。

电视是很多人获取资讯的重要媒介，因此通过电视进行普法宣传能获得很好的效果，这也是为什么央视《法律讲堂》栏目一直很受欢迎的原因。当然，通过参加该栏目对全国的电视观众进行普法宣传，也是我在这个栏目继续做主讲人的重要原因。我一直认为，人活在世上不仅是为了财富，还要活出自己的人生价值，每个人对自己、对家庭、对社会，乃至对国家，还有着一份责任。也正是本着这份责任心，我陆续在家乡的电视台录制播出了 300多期普法节目，为家乡 380 多万居民普及法律知识。同时我还积极参与各种社会公益活动，以及重大节日的普法活动，并在 12 个社区成立了社区法律服务站，为近 10 万社区居民免费提供法律咨询和普法宣传。

我总在脑海中幻想，如果有一天，中国所有的百姓在遇到权益被侵害时，第一时间想到的是律师，而不是拳头或其他，那中国大地就会真正地迎来朗朗乾坤！

管文军

2018 年 5 月